Construisons ensemble l'École de la confiance

Jean-Michel Blanquer

Construisons ensemble l'École de la confiance

Odile Jacob

15, rue Soufflot, 75005 Paris

www.odilejacob.fr

ISBN : 978-2-7381-4545-1

À tous les professeurs
et à tous les personnels de l'Éducation nationale,
À tous les élèves de France et à leurs familles,
Pour partager ensemble l'esprit de confiance.

Introduction

« L'homme ne peut devenir homme que par l'éducation. »

Emmanuel Kant,
Réflexions sur l'éducation, 1803.

Le 17 mai 2017, quand je traverse la cour du ministère où les personnels sont rassemblés comme de coutume pour la passation de pouvoir, deux sentiments m'animent. Celui de l'immense responsabilité qui m'échoit et que je dois à la confiance que viennent de m'accorder le président de la République et le Premier ministre. Tous deux m'ont clairement signifié leur ambition : transformer l'école afin d'en faire le socle d'une République en marche vers plus d'égalité, de justice et de liberté. Mais aussi le sentiment lucide des difficultés qui nous attendent car la situation de l'Éducation nationale n'est pas bonne. Les Français, depuis de nombreuses années, doutent de l'École de la République, de sa capacité à donner la possibilité à tous de réussir. 20 % des élèves sortent du système éducatif sans maîtriser les savoirs fondamentaux, le chômage des jeunes s'élève à 25 %, les enquêtes internationales nous placent au bas des classements et l'école peine à réduire les inégalités sociales.

Sur le perron, mon discours tient en trois mots : République, excellence et bonheur. Le mot « République » parce que l'école est au cœur de la République qui nous unit, nous rassemble : c'est notre Bien commun. Parfois, certains voudraient nous faire douter des vertus républicaines alors même que des menaces obscurantistes existent dans le monde, non seulement celle du fondamentalisme religieux, mais aussi la négation des sciences, la peur du progrès, la peur sous toutes ses formes. Ces forces obscurantistes sont anti-républicaines en tant qu'elles combattent l'esprit des Lumières. Or l'École de la République est née des Lumières et n'est vulnérable que lorsqu'elle s'éloigne de ce qui l'a fait naître. Nous nous perdons si nous ne cultivons pas ce qui a nourri et irrigué le génie français.

Le deuxième mot que je prononce ce jour-là est « excellence », car notre ambition partagée est, je le sais, de porter sans cesse notre système vers le haut et d'amener chaque enfant au meilleur de lui-même. En ce domaine également, nous avons besoin de redonner confiance dans l'école en montrant que l'exigence est synonyme de bienveillance et que l'excellence est évidemment ce que nous devons rechercher pour chacun de nos élèves. Replacer l'excellence au cœur de l'école est aussi un signal que nous envoyons à la société française.

Enfin, je parle du « bonheur ». Ce mot peut faire peur car le bonheur ne se décrète pas et ne relève pas substantiellement du politique. En réalité, les professeurs et les élèves ont évidemment besoin de bonheur à l'école pour réussir. Il existe d'ailleurs une forme de bonheur français, un art français de la bonne humeur et du rire, de la facétie et du mot d'esprit, du plaisir de converser et de partager un bon repas. C'est la Babette de Karen Blixen qui par son art de la cuisine ouvre des perspectives nouvelles aux austères Danois du Jutland, c'est la phrase de Balzac dans *Massimilla Doni* : « Le Français fit ce qu'en toute occasion font les Français, il se mit à rire. »

Le bonheur vient avec la confiance et la confiance est le levier essentiel du progrès collectif que nous devons mener dans un pays parfois tenté par les passions tristes et le pessimisme. Par cette idée de confiance, j'entends notamment la confiance de la société en son école, la confiance de l'école à l'égard des parents, la confiance des professeurs à l'égard des élèves et la confiance des élèves en eux-mêmes et en leur réussite. Par cette école de la confiance, l'objectif est de faire émerger cette société de confiance si nécessaire « au rebond français » que le Président veut conduire.

Les Français ne sont pas nostalgiques de l'École de la IIIe République ; ils sont nostalgiques de la confiance qu'ils avaient en cette école. Pour la majorité d'entre eux, elle était synonyme de modernité et de progrès. Progrès matériel avec des locaux propres et chauffés pour offrir à tous les enfants la possibilité d'étudier dans de bonnes conditions. Progrès de la connaissance avec le souci de proposer ce que souvent les parents ne pouvaient pas offrir : la maîtrise des savoirs fondamentaux (lire, écrire, compter et respecter autrui), l'ouverture vers la culture. Progrès social surtout, c'est-à-dire la possibilité d'avoir une « situation », comme on disait, de s'élever par l'école. Aujourd'hui, l'École de la République doit retrouver cette confiance et, dans un contexte social et économique complètement différent, incarner à nouveau ce progrès et cette modernité selon des modalités nouvelles.

C'est pourquoi, dès ce premier jour, ma priorité consiste à remédier au plus vite aux points faibles de notre institution : en amont, l'école primaire avec un objectif de 100 % d'élèves maîtrisant les savoirs fondamentaux car sans cela rien n'est possible ; en aval, la transformation du lycée professionnel pour en faire une filière d'excellence où l'on apprend à entreprendre, où l'on se forme aux savoir-faire à la française, aux métiers de demain en tenant compte de la révolution numérique et de la transition écologique.

Ma priorité est aussi d'insuffler à tous les acteurs une nouvelle méthode : l'esprit de confiance porté par l'esprit de liberté pour que chacun puisse prendre sa place dans la vie, s'intégrer sereinement dans la société, être un citoyen, s'insérer dans le monde professionnel, et tout simplement s'accomplir. La liberté, ce premier mot si important de notre devise républicaine, joue donc un rôle crucial pour donner un sens à la vie de l'homme, mais aussi pour contribuer au sens qu'une civilisation entend se donner à elle-même.

Ce début de XXIe siècle est en effet inédit à bien des égards : riche d'opportunités comme il n'y en a jamais eu pour l'épanouissement des êtres humains, il peut donner le meilleur ; lourd de périls et de tensions extrêmes, entre bien commun et intérêts particuliers, entre désirs et loi, entre sécurité et liberté, entre idéal et prosaïsme, entre humanité et technologie, entre consommation et survie de la planète, il pourrait conduire l'humanité à l'abîme.

Le défi principal qui nous attend tient en une question : comment un monde toujours plus technologique peut-il devenir un monde plus humain ? De fait, nous vivons peut-être le début d'un troisième temps de l'humanité : après le temps de la nature, après celui de la machine, va peut-être advenir celui de l'homme-machine qui prolongera et infléchira l'anthropocène. Les algorithmes auront-ils raison de nos libertés ? L'intelligence artificielle triomphera-t-elle de notre libre arbitre ? Data sera-t-il le nouveau Dieu ? Saurons-nous inventer le lien harmonieux entre l'homme et ses créations ?

La révolution technologique en cours est fondée à la fois sur une vitesse toujours plus grande des transmissions d'informations, qui permet à chacun d'avoir accès à une grande masse de données, et sur une compréhension toujours plus fine du vivant, en premier lieu du fonctionnement physiologique du corps humain. Nous sommes aujourd'hui divisés sur le sens à donner à ce changement radical : certains considèrent que ces bouleversements sont une opportunité de progrès pour l'espèce humaine ; et ils ont raison. Pour d'autres, ce qui peut apparaître comme une *hybris* scientifique et technologique suscite des angoisses puissantes ; et ils ont également raison. Car, avec ces avancées scientifiques, des questions nouvelles se présentent à nous, qu'il nous faut résoudre pour préserver notre humanité qui vacille : comment concilier, pour le meilleur de notre espèce et de la planète, algorithmique et liberté, travail et automatisation, code et pensée ? Perfectionnement infini de la machine et finitude de notre condition ? Nous devons collectivement donner un avenir à notre futur en relevant ce défi lancé à l'humanité : assurer la capacité de l'homme à maîtriser ce qu'il crée pour continuer l'aventure humaine sur une planète préservée et dans un monde toujours plus intelligible.

Un autre danger nous guette : alors que ces progrès, qui soulèvent des interrogations philosophiques inédites et gigantesques, pourraient faire de notre époque le temps du triomphe de la raison, on constate comme leur corollaire inverse, une complaisance avec les idées parfois les plus irrationnelles, un affaissement de la pensée logique et du régime de la preuve qui ont pourtant été au cœur de la révolution scientifique du XVIIIe siècle. Par un paradoxe étonnant, au moment même où la médecine remporte des victoires décisives sur certaines maladies, où la technologie met à disposition du plus grand nombre le savoir universel, nous connaissons aussi la prolifération des obscurantismes les plus meurtriers. Étrangement donc, la science la plus avancée côtoie, et parfois chez les mêmes personnes, la croyance la plus destructrice.

Le discernement est plus que jamais requis pour tracer un chemin de vérité dans la forêt de l'incertitude et des mensonges. Il deviendra absolument indispensable pour concilier la dignité humaine et les possibilités de la science, le développement de la technique et le respect du vivant, la préservation de nos héritages naturels et culturels et le progrès de la condition matérielle et spirituelle des êtres humains. Ce juste équilibre est la clé pour bâtir une société confiante en son avenir, condition indispensable du bonheur individuel et collectif. Ma conviction profonde est que l'école est le lieu où se joue ce nouveau chapitre de la pensée critique, où doit s'engager un nouvel humanisme adapté aux enjeux du siècle qui commence. Ce nouvel humanisme passe par une éducation pensée comme l'émancipation de chacun, dans le respect des autres et, plus globalement, de la vie.

Dans ce contexte nouveau, nous avons plus que jamais besoin de l'école et de la figure du professeur. Le professeur ne disparaîtra pas au profit de l'ordinateur, des cours à distance et des robots. Certes, toutes ces réalités technologiques vont de plus en plus trouver leur place dans l'école. Il y aura des robots. Il y aura, il y a du reste déjà, des cours à distance. Il y a et il y aura de l'interaction numérique. Il y aura de l'intelligence artificielle, de l'usage de grandes quantités de données. Mais plus ces possibilités se développeront, plus nous aurons besoin d'humanités, de lieux pour incarner la transmission des savoirs, plus nous aurons besoin d'interprétation, de recul, de mise en perspective, de regard critique, de culture générale. Autrement dit, la pseudo-utopie consistant à penser que la disponibilité de tous les savoirs grâce à Internet dispenserait d'assurer la transmission de ces savoirs est une idée fausse. Tout au contraire, plus les savoirs seront disponibles, plus nous aurons besoin de professeurs qui les structurent, les confrontent, et les mettent en perspective afin que nos enfants en fassent le meilleur usage. Les professeurs vont toujours plus enseigner aux élèves la manière de se constituer un savoir, d'appréhender le flot d'informations, d'acquérir une méthode et un esprit critique, de construire leur liberté. Ils auront donc toujours à transmettre un savoir structuré et explicite.

Nous vivons un moment exaltant pour les idées humanistes incarnées dans notre école, car elles se précisent, s'enrichissent et se renforcent en se frottant aux défis de la modernité. Toutes proportions gardées, l'histoire de nos civilisations occidentales connut une période similaire à la nôtre. Un temps qui vit avec effarement surgir un nouveau monde. « Notre monde vient d'en trouver un autre[1] », écrivait Montaigne au moment où se révélait le continent américain dans son étrangeté heuristique. L'auteur des *Essais* vivait dans un monde en pleine transformation grâce à une exceptionnelle révolution technologique, l'imprimerie, vecteur de diffusion du savoir et des idées. Mais cette époque connut aussi les affres de l'intolérance et les tragédies de la guerre. Pour résoudre l'énigme du présent et exprimer la dynamique qui l'animait, cette période alla puiser dans ce qu'elle considérait comme le trésor de notre passé, l'Antiquité. On nomma plus tard cette période : Renaissance… J'appelle de mes vœux une telle renaissance qui, par un cercle vertueux, trouve l'audace et l'énergie de se frayer un chemin vers l'avenir par une familiarité renouée avec le passé. Nous ne partons pas de rien ; nous sommes assis sur les épaules des géants qui ont éclairé la voie, les défricheurs de savoir, les humanistes de la Renaissance, les penseurs des Lumières qui ont œuvré pour le bien commun et qui ont fait de la transmission, et donc de l'éducation, une clé de l'émancipation.

Une démarche honnête, rigoureuse et ambitieuse suppose de définir clairement quelles sont les missions de l'école, quels principes l'orientent. Sur ce point, il nous faut dépasser les clivages stériles car passé et futur, tradition et progrès ne s'opposent pas mais se confortent et se nourrissent. Dans toute éducation, il y a des éléments de tradition et des éléments de modernité, des continuités indispensables et des changements nécessaires. Cette double orientation, vers le passé du patrimoine et vers l'avenir du projet humain, se retrouve dans le terme « confiance », dont l'étymologie (*fides*, en latin) exprime en même temps la fidélité à l'héritage que nous avons reçu, sans lequel nous n'existerions pas, et un engagement à l'égard de ceux qui nous suivront, pour que se perpétue ce à quoi nous tenons.

Toutes les sociétés, disparues ou actuelles, ont eu, ont au cœur de leur raison d'être la transmission. Ce n'est qu'ainsi que les limites propres à l'individu peuvent être dépassées : par la perpétuation du collectif. L'éducation est donc l'antidote aux limites de l'individu ; au cœur de l'école réside et vibre une ambition collective, un dépassement de l'individu et donc de l'individualisme et de la condition infantile. On fait mûrir, grandir par l'école. On élève, on institue au sens étymologique d'instituteur : celui qui permet de se tenir debout, en tant que personne qui assume toute son humaine condition et la fierté d'être humain. « *Sapere aude*, aie le courage de te servir de ta propre intelligence ! voilà donc la devise des lumières[2] », écrit Kant.

Dès lors, deux missions s'imposent à l'école : transmettre des savoirs et des valeurs. Afin d'y répondre, il nous faut tendre, dans une recherche sans cesse relancée, vers ces trois idéaux, le *vrai*, le *bien* et le *beau*, dont les Grecs unifiaient les deux derniers en une expression admirable (*καλὸς κἀγαθός*, littéralement « beau et bon »). Notre civilisation occidentale s'est construite à travers ces concepts, qui ont marqué des époques successives sans jamais disparaître.

Ce fut d'abord une époque du *bien*, qui correspond à l'idée d'une justice immanente, au droit naturel, et qui trouva à la fois son apogée et sa fin avec la Révolution française. Ensuite, ce fut une époque du *vrai*, pendant laquelle la recherche de la vérité s'imposa comme vecteur de sens et de progrès afin de mettre l'homme en situation de maîtrise de sa destinée. C'était l'époque du développement des sciences, du positivisme, de la foi en un progrès scientifique libérateur dont Auguste Comte, Louis Pasteur, Ernest Renan, Victor Hugo furent d'illustres acteurs.

Cette foi en la science a été ébranlée par l'avènement du XXe siècle, dont les catastrophes ont montré la compatibilité, si ce n'est la collusion parfois désastreuse, entre les progrès des connaissances et les intentions destructrices. Avec le premier conflit mondial, ce qui avait fait la fierté d'un siècle, l'industrie, la chimie, la médecine, fut mis au service d'une gigantesque entreprise de mort. De ces ruines fumantes germaient déjà les totalitarismes, les camps : la Seconde Guerre mondiale. Dans l'intervalle, Paul Valéry jetait un doute sur le devenir de nos sociétés : « Nous autres, civilisations, nous savons maintenant que nous sommes mortelles[3]. » Depuis lors, les avancées des sciences ont troublé nos repères, l'impact des technologies sur notre environnement a conforté cette désillusion et ce relativisme.

Notre civilisation a alors basculé vers un paradigme que je qualifierai d'esthétique au sens où il est « universel et sans concept ». Ce nouveau paradigme cherche à dépasser le bien et le vrai. La subjectivité, cultivée à outrance, confine désormais à l'hyperindividualisme qui nourrit une crise de la postmodernité. Marqué par le souvenir des catastrophes passées, ce paradigme est empreint d'un trouble mortifère, de doutes et d'inquiétude face à l'avenir. Il suffit de lire les romans, de voir les films qui sortent pour être frappé par cette fascination que nos contemporains éprouvent pour les ruines et l'apocalypse. Une angoisse sourde envahit les consciences : l'homme, par son intelligence, semble en mesure de changer sa propre nature. Non pas de gagner une année d'espérance de vie, non pas de trouver une méthode nouvelle pour mieux penser, mais capable d'imaginer son immortalité et de laisser les machines mieux penser que lui. Il nous faut retrouver sérénité et confiance, nous sauver de nous-mêmes : il y va de l'avenir de notre civilisation et du « bien », « l'art de ce qui est bon et juste » selon la définition que l'on donne du droit dans le *Digeste* sous l'Empire romain.

Il est important de retrouver un équilibre entre le *vrai*, le *bien*, le *beau* : c'est l'antidote au relativisme. Nous, républicains, perdrons la bataille si nous acceptons la pente du relativisme et du cynisme. En contrepoint des passions tristes de notre temps, il nous faut soutenir un idéal issu des Lumières : celui de l'accomplissement humain. Nous n'y parviendrons qu'en défendant la science et la culture, mais aussi en nous donnant droit à une transcendance qui trouve son expression dans la société démocratique, qui permette et favorise l'épanouissement de chacun, sa quête de sens, y compris religieux, ainsi que le dépassement de l'individu dans l'idéal commun. Le défi de notre génération est d'actualiser les Lumières.

Aussi l'école, creuset républicain, ne doit-elle pas être sur la défensive, se cantonnant à n'être qu'un réceptacle passif des maux de la société ; elle doit bien au contraire se constituer en matrice de cet idéal. Il ne s'agit donc pas d'en revenir naïvement à un passé fantasmé car les idéaux humanistes des siècles antérieurs ne sauraient être repris tels quels ; c'est par une démarche lucide et critique que nous pourrons les régénérer, par une approche pleinement actuelle, ancrée dans le XXIe siècle. Dès lors qu'elle n'est pas prise dans un sens naïf et ignorant des interrogations légitimes qui se sont élevées contre elle, la notion de progrès, adossée à celle de bien commun, fait donc pleinement sens. C'est par l'école que nous y parviendrons. Le *vrai* suppose une école qui porte résolument la démarche scientifique, le *bien* nous oblige à construire les modalités les plus efficaces pour que l'école transmette à nos enfants des valeurs, au premier rang desquelles le respect d'autrui. La recherche du *beau* traduit l'ensemble de cette quête.

L'entreprise est ambitieuse, j'en conviens. Mais notre pays peut s'appuyer sur une magnifique tradition scolaire, faite de culture, d'esprit critique, de progrès par le savoir. Et elle a tout pour s'ouvrir encore davantage sur l'innovation et la créativité, qui devraient devenir les deux mamelles de la France. Nous sommes le pays de Descartes et de Picasso. C'est le modèle du futur sur lequel nous pouvons bâtir l'école de la confiance.

À la question « Qu'est-ce que la République ? », Jean Jaurès répondait : « C'est un grand acte de confiance[4]. » Il exprimait ainsi une vision de la société que l'école transmet à tous les enfants. Les pays qui vont bien sur le plan scolaire sont des pays où la société a confiance en son école, où les systèmes éducatifs fédèrent autour d'eux les énergies sociales les plus positives. Je l'ai compris en observant d'autres systèmes qui, par leur organisation, ne diffèrent guère du nôtre, mais qui s'en distinguent par la place du professeur dans la société et par le bonheur des élèves à se rendre à l'école, par la confiance accordée à l'institution scolaire, par la confiance des professeurs eux-mêmes dans leur propre institution, par le discours public porté sur l'école… J'en suis convaincu : la réussite de l'école exige que tous les acteurs se fassent confiance, afin que les élèves aient confiance en eux-mêmes et dans la République. Notre contrat social commence là.

Le contexte créé par l'élection présidentielle de 2017 offre une occasion inédite de réaliser cela. La majorité de nos concitoyens prend conscience que le « en même temps » d'Emmanuel Macron permet de dépasser des clivages qui ont paralysé notre pays pendant trop longtemps. Si les forces du scepticisme sont toujours promptes à resurgir, on est frappé, dès que l'on fait un pas hors de France, par cette atmosphère nouvelle de confiance envers la France.

Elle apparaît de nouveau comme une puissance ayant quelque chose à dire, capable de trouver un modèle pertinent pour répondre aux défis de notre temps. Cet infléchissement ne pourra se concrétiser que si nous retrouvons ensemble un sens à notre destinée commune, que si nous reprenons confiance dans notre projet de civilisation. *Le Serment des Horaces*, tableau peint par David en 1785, montre des combattants qui sacrifient leur intérêt personnel, leurs attaches familiales, pour défendre le bien commun. Dans cette scène, dans cette façon de revisiter en l'actualisant l'histoire antique, s'exprime la puissance de ce que sera le message révolutionnaire français. Ce message ne vieillit pas car la France est vraiment elle-même quand elle cherche à se dépasser, quand elle se porte au-delà d'elle-même, quand elle est cette force éclairée qui va. Et l'école est son foyer, autour duquel nous devons réchauffer notre idéal et refondre notre conception de la République. Lorsque le colonel Beltrame décide de donner sa vie pour en sauver une autre, ce geste soulève une gigantesque émotion car il rappelle à toute une nation que l'horizon de nos vies n'est pas seulement composé de nos destinées individuelles mais d'une vision bien plus vaste de l'espace et du temps qui nous constituent et que nous constituons. La figure de l'héroïsme et celle de la rédemption nous renvoient à ce qui nous a générés et à ce qui nous grandit.

Dans mes deux précédents ouvrages, *L'École de la vie*[5], puis *L'École de demain*[6], publié à l'automne 2016, j'avais souhaité proposer un programme éducatif abordant les différents aspects de notre système scolaire composant un ensemble structuré de propositions pour une Éducation nationale rénovée. Depuis lors, le président de la République et le Premier ministre m'ont invité à participer au travail de transformation de notre pays. En écrivant ce nouvel ouvrage, je souhaite montrer l'ampleur des engagements pris et leur portée concrète. Après un an de travail, il est possible de rendre précisément compte de la mise en œuvre des premières mesures et de l'esprit de la transformation qui s'opère. Il est surtout indispensable de présenter les premiers changements concrets à l'école car ils préfigurent une approche qui se déploiera dans la durée. Dès que j'ai pris mes fonctions, j'ai indiqué que je ne souhaitais pas commencer par une grande loi et que je préférais agir sur les différents leviers de transformation en affichant des priorités. Le temps de la loi viendra quand ce sera nécessaire. Il me semble utile et sain sur le plan démocratique d'expliciter ce qui se joue depuis un an afin de susciter la plus grande participation et adhésion possible de la société française. C'est la logique de l'école de la confiance. Si nous réussissons, au cours des prochaines années, à créer cet esprit de soutien à l'école de la part de toute la société, par-delà tous les clivages, alors la France trouvera une colonne vertébrale lui permettant de se tenir debout et vaillante pour relever avec succès les défis des temps qui viennent. C'est le but et le sens des pages qui suivent.

PREMIÈRE PARTIE

DONNER CONFIANCE AUX ÉLÈVES

Liberté est le mot-clé de toute éducation. L'éducation prend sens par la liberté et tout acte éducatif est, par définition, un acte de liberté et d'émancipation. Lorsque j'enseigne quelque chose à quelqu'un, je cherche à lui donner plus d'autonomie en lui donnant plus de discernement. C'est la liberté dans le plus beau sens qu'elle puisse recouvrer, celui d'une liberté-construction.

L'article « Éducation » du *Dictionnaire de pédagogie*, dirigé par Ferdinand Buisson, définit ainsi les finalités émancipatrices de toute éducation : « L'enfant ne s'élève pas tout seul, il faut qu'on l'élève, et c'est un long ouvrage. Il demande du temps, de la patience, une suite innombrable d'efforts accumulés de la part du maître et de la part de l'élève ; car ceci est le propre de l'éducation, on ne cultive pas l'âme comme la jeune plante à son insu et au seul gré du jardinier, on lui apprend à se cultiver elle-même [...]. Il n'y a pas d'éducation passive ; il n'y a pour personne d'éducation sans peine[1]. »

L'éducation, c'est élever et apprendre à s'élever, c'est aider et apprendre à s'aider, c'est tenir la main d'un enfant et lui apprendre à marcher seul. C'est à la fois l'entourer, le protéger et le préparer à être autonome en lui donnant les valeurs et le bagage intellectuel nécessaires pour faire des choix en connaissance de cause et pour assumer ses responsabilités. Élever un enfant n'est pas simple et il est important que les parents se sentent soutenus par l'école. Faire classe à des enfants n'est pas simple non plus. Cela exige un engagement et une patience qui méritent la gratitude de toute la société.

Notre école française accueille la plupart des élèves de 3 à 18 ans (la scolarité obligatoire s'achevant à 16 ans). École maternelle, école élémentaire, collège et lycée sont les quatre paliers parcourus avant l'accès, éventuellement, à l'enseignement supérieur. Quinze années environ, donc, à peu près 11 000 heures pendant lesquelles l'élève acquiert progressivement des connaissances et des valeurs, construit des compétences, développe sa confiance en lui, sa culture générale et son autonomie, apprend à découvrir ses goûts, ses aspirations – ce qui le porte dans la vie.

Ce passage de la minorité à la majorité nécessite l'addition de toutes les énergies, celle de la famille bien sûr, celle de l'école et de toute la société qui est responsable collectivement de l'éducation de ses enfants. Ces quinze années, entre 3 et 18 ans, sont des années fondatrices où les enfants doivent se transformer pour devenir des adultes et faire leur entrée dans une société qui les précède avec ses règles et ses usages.

La question pour l'école est donc d'utiliser au mieux les 11 000 heures que l'élève va passer à l'école jusqu'à ses 18 ans.

À cette fin, l'École de la République doit marcher sur ses deux jambes : la transmission des savoirs et celle des valeurs. Il est important que cette transmission qui fonde notre culture et notre pacte social débute dès le plus jeune âge et se prolonge, selon une pédagogie lisible, structurée et progressive, jusqu'au terme de l'enseignement secondaire. En matière d'éducation, la méthode est la clé de tout. Une éducation désordonnée et sans suite ne produit jamais de très beaux effets. Il est indispensable aussi d'avoir à l'esprit que l'éducation constitue l'axe majeur de la politique sociale de l'État car elle permet de lutter à la racine contre le poids de tous les déterminismes, qu'ils soient sociaux ou territoriaux. C'est par l'éducation que l'on peut donner à tous les élèves les opportunités qui leur permettront de réaliser leurs projets en fonction de leurs potentialités et de leurs aspirations.

Au cœur de mon action, je veux retenir deux principes essentiels. D'abord, *l'attention portée à chacun*, et particulièrement aux enfants qui ne bénéficient pas chez eux de conditions favorables aux apprentissages. L'égalité des chances ne doit pas être une vaine expression mais se concrétiser à tous les niveaux, selon diverses modalités. Ensuite, *l'exigence d'efficacité* qui requiert un appui continu sur les pratiques ayant fait leurs preuves et sur les apports des sciences contemporaines, leviers de progrès.

En même temps qu'elle construit les bases sans lesquelles aucune éducation ne peut être solide, la communauté éducative s'attache à créer d'emblée chez l'enfant la possibilité d'avoir *confiance en lui-même et en l'école*, à susciter en lui un amour de l'école qui sera le vecteur de sa réussite future. L'élève progressera ainsi avec sérénité et curiosité, et cheminera du simple au complexe, dans le goût du savoir qui est aussi un goût des autres et un amour de la vie.

CHAPITRE 1

La maternelle, l'école de l'épanouissement et du langage

L'école maternelle est véritablement née avec la République. En 1848, Marie Carpentier transforma les « salles d'asile », simples garderies d'enfants, en mettant l'accent sur la relation affectueuse entre l'adulte et l'enfant. Le décret du 2 août 1881 qui fonde l'école maternelle suit de quelques semaines la loi du 16 juin 1881, qui institue la gratuité de l'école, et précède de quelques mois la loi instituant le caractère obligatoire de l'école. N'y voyons pas un simple hasard mais l'expression d'un projet global qui vise à réaliser concrètement la promesse républicaine d'émancipation par l'éducation et l'instruction. Le jeune enfant est doté d'une capacité d'empathie qu'il faut cultiver le plus tôt possible pour l'éduquer au respect des autres et de soi. L'école maternelle, en socialisant très tôt les enfants, permet de corriger l'inégal niveau culturel des familles et donne aux enfants issus de milieux sociaux différents les mêmes chances de réussir. Elle permet aussi aux parents de continuer à travailler. C'est particulièrement vrai pour les femmes françaises, qui se distinguent des femmes allemandes par leur taux d'activité élevé, directement lié à la prise en charge des enfants.

Organisée en trois niveaux – petite section, moyenne section, grande section, correspondant au premier cycle d'enseignement –, la maternelle constitue une fierté française observée et souvent imitée par d'autres pays. Nous disposons en effet avec la maternelle d'un cadre éducatif original, à la fois pour la précocité de l'entrée dans la scolarité qu'elle permet, pour sa durée, trois ans, qui favorise une progressivité dans la préparation aux apprentissages, pour la qualité de son programme spécifique, mais aussi pour les compétences que révèlent au quotidien les professeurs et les ATSEM (agents territoriaux spécialisés des écoles maternelles), qui assistent les professeurs au plus près des besoins des élèves.

L'obligation de la scolarité à 3 ans

La gratuité et l'obligation scolaire ont été les leviers d'émancipation des générations de Français. En 1882, l'obligation scolaire commence à 6 ans et s'achève à 13 ans. Depuis lors, la durée de la scolarité obligatoire a été allongée deux fois par l'aval. En 1936, la loi du 9 août, initiée par Jean Zay, fait passer l'obligation à 14 ans. En 1959, la réforme Berthoin repousse la fin de l'instruction obligatoire à 16 ans. Cela répondait à un besoin d'élévation du niveau de qualification des Français. Depuis la fin du XIXe siècle, aucun gouvernement n'a cru bon d'avancer l'âge de la scolarité obligatoire car l'école maternelle a pu être perçue comme une simple garderie propice à la socialisation. Or la recherche a montré que les années passées à l'école maternelle sont décisives pour la maîtrise future des savoirs fondamentaux par les élèves.

Apprendre à lire au CP nécessite en effet la maîtrise du code alphabétique qui suppose en amont une solide conscience phonologique, c'est-à-dire la capacité à percevoir, à découper et à manipuler les unités sonores du langage telles que la syllabe, la rime, le phonème. L'enfant qui ne sait pas lire s'intéresse certes au mot mais l'idée de le découper en unités sonores n'a rien d'évident pour lui.

C'est pourtant une prise de conscience indispensable pour qu'en CP il apprenne à lire. En 2011, le National Institute of Child Health and Human Development et bien d'autres chercheurs ont montré que cette conscience phonologique était inégale chez les enfants et qu'elle pouvait être développée par des jeux de langage fondés sur des comptines, des rimes et des devinettes. La lecture à haute voix effectuée par les parents et les professeurs est à ce titre importante pour préparer les premiers apprentissages.

C'est pourquoi il est si important que, dès l'école maternelle, on puisse poser les bases d'une première approche de la langue, en développant le bagage lexical par l'interaction et par l'incitation à l'expression.

École Émelie – Paris 19e – 27 mars 2018

Le jour de l'ouverture des assises de la maternelle, le président de la République et moi nous rendons dans une belle école du 19e arrondissement.

Dans la classe de grande section que nous visitons, la maîtresse a pris pleinement en compte les enjeux de la conscience phonologique. Elle organise ainsi devant nous un jeu très pertinent. Elle indique aux enfants un mot en deux syllabes, la première se trouvant dans sa main gauche et la seconde dans sa main droite. Dans le mot « lapin », « la » se trouve dans la main gauche et « pin » dans la main droite. Lorsque la maîtresse ouvre sa main droite, elle dit « Pin » et demande aux enfants : « Qu'est-ce que j'ai dans la main gauche ? » « La », répondent-ils en chœur. Nous nous regardons avec le Président, nous sourions. Derrière ce moment de joie simple, nous savons qu'il y a ce qui construit la République au quotidien.

La richesse du vocabulaire est le premier des atouts. À 4 ans, un enfant issu d'un milieu social défavorisé a entendu prononcer

30 millions de mots de moins qu'un enfant issu d'un milieu favorisé[1]. Son apprentissage de la lecture n'en est que plus difficile. C'est pour cette raison que nous menons une politique résolument volontariste sur le vocabulaire afin de veiller à la qualité de cet apprentissage pour tous les enfants, condition *sine qua non* si nous voulons compenser les inégalités sociales. Ce qu'Alain Bentolila appelle « la conscience prégrammaticale » se joue dans ces moments-là. Cette faculté de l'enfant à répondre à des questions simples (qui ? quand ? comment ? pourquoi ?) installe chez lui une structure de raisonnement qui sera essentielle pour le reste de son parcours.

La syntaxe, le vocabulaire, les pratiques de répétition et de reformulation donnent à l'enfant la structure dont il a besoin pour mener librement son jugement. Ces activités linguistiques récurrentes permettent à l'enfant de nouer une relation, de s'inscrire dans un groupe, de contrôler ses pulsions et ses désirs. On voit comment, en germe déjà, se profilent ici les enjeux de citoyenneté, de cohésion sociale, d'appropriation d'une culture commune[2].

En dépit de son rôle capital, il n'existait pas d'obligation scolaire en maternelle. Si 97 % des élèves de 3 ans sont scolarisés à l'école maternelle, ils le sont cependant selon des modalités imparfaites. C'est pourquoi il est nécessaire d'abaisser l'obligation scolaire à 3 ans. Cela peut être déterminant sur le plan symbolique comme sur le plan pratique. Lorsque le président de la République a pris cet engagement le 27 mars 2018, il s'est inscrit dans la lignée de Jules Ferry, de Jean Zay, du général de Gaulle qui, en faisant évoluer l'âge de la scolarité, ont porté un message sur la mission de l'École de la République.

En effet, instaurer l'obligation scolaire à 3 ans permet d'insister sur la nature de la maternelle, qui devient une école où l'on se prépare sans s'en rendre compte, par le jeu, par la musique, par toutes sortes de pratiques qui développent la curiosité, à maîtriser les savoirs fondamentaux. Cette exigence nouvelle découle des avancées de la recherche qui nous permettent de mieux comprendre les mécanismes d'apprentissage. C'est aussi une décision qui s'inscrit dans le temps long de l'histoire de notre école et de la réalisation de son idéal d'égalité et de progrès social. Ce sera une réalité concrète à la rentrée 2019.

La plupart des élèves de cet âge fréquentent l'école maternelle mais d'une manière souvent discontinue au cours de la journée, voire au cours de la semaine. Il est bien compréhensible que des parents souhaitent s'occuper de leurs enfants l'après-midi ou certains jours de la semaine. Cependant, cette discontinuité peut nuire à l'acquisition des compétences nécessaires pour bien apprendre à lire, écrire, compter et respecter autrui. C'est particulièrement vrai pour les enfants issus des milieux les plus défavorisés qui ne peuvent pas toujours s'appuyer sur des stimulations familiales.

La rentrée à La Fère – 5 septembre 2017

Avec Françoise Nyssen, nous décidons de nous rendre dans un département rural pour faire notre rentrée en musique avec les élèves. Nous insistons sur l'importance de la musique pour créer une école de la confiance. Commencer l'année en musique, c'est donner un certain ton, celui de la joie d'apprendre. Nous nous rendons notamment à l'école Jean-Mermoz. Au cours d'un échange avec l'équipe éducative, un professeur de grande section de maternelle raconte sa prise de conscience de l'importance de la richesse du vocabulaire. En effet, elle a été volontaire pour encadrer un des stages de remise à niveau que nous organisons dans les écoles pour les élèves de CM2. Elle s'est aperçue que les lacunes en vocabulaire de ces élèves en difficulté étaient souvent très fortes. Et depuis, me dit-elle, elle a changé sa pédagogie en grande section pour l'axer sur l'apprentissage du vocabulaire. Ce qu'a réussi à faire ce professeur passionné, c'est ce que nous devons faire à grande échelle grâce au recul que chacun peut prendre sur ses pratiques.

Socialisation versus *apprentissages : dépassons les fausses querelles*

L'école maternelle a longtemps été l'objet de querelles stériles que nous sommes en train de dépasser. Certains considèrent cette amorce de la scolarité comme le temps fondamental de la socialisation et des apprentissages ; d'autres souhaitent privilégier l'épanouissement et l'expression personnelle vécue. Mais pourquoi ne pourrait-on pas conjuguer ces deux ambitions ? La singularité de l'école maternelle française est notre richesse : elle est assurément le premier temps de la socialisation, condition de l'épanouissement, et elle prépare aux apprentissages fondamentaux. C'est là que l'enfant, quittant un temps le cadre familial, appréhende les principes de la vie en commun et les échanges, découvre les règles fondamentales et développe son empathie, clé de sa sociabilité. C'est dans ces classes de maternelle que les enfants commencent à se représenter le bien commun à la faveur de l'écoute d'un récit, donnant lieu ensuite à une discussion collective, à l'occasion d'un jeu dont ils doivent observer les règles, au cours d'une activité artistique (chant, danse, arts plastiques) qui développe le rapport à leur corps et le respect de leurs camarades et de leur professeur.

C'est aussi à l'école maternelle que se joue la grande question de l'école inclusive. Si nous réussissons, dès les premières années de la scolarité, à accueillir les enfants en situation de handicap, nous envoyons un message clair à tous les enfants sur l'acceptation de la différence et de ses bienfaits.

En même temps qu'il assimile la règle par le jeu, par la comptine, par l'écoute et l'échange, l'élève construit les fondations de ses apprentissages : le jeu est évidemment apprentissage mais le savoir suscite aussi le goût et l'envie d'en jouer. *Savoir* et *saveur* ont la même racine. Par ce clin d'œil étymologique, les anciens nous signalent que le plaisir réside aussi dans le savoir. Pas de clivage, donc, mais bien une dynamique qui mérite une réflexion approfondie et actualisée afin de placer tous les élèves sur la voie la plus efficace des apprentissages.

Des assises en mars 2018, pour préciser les approches de l'école maternelle

Conscient de cet enjeu, et du fait que l'école maternelle constitue une véritable locomotive pédagogique pour l'ensemble de notre système scolaire, j'ai demandé à Boris Cyrulnik de préparer et de présider, en mars 2018, des assises de l'école maternelle pour en faire davantage encore l'école de l'épanouissement et du langage. Boris Cyrulnik a développé depuis longtemps plusieurs approches et concepts qui sont pertinents pour aborder les enjeux de la petite enfance[3]. Les assises ont fait une large place à sa théorie de l'attachement si nécessaire pour installer chaque élève dans un cadre rassurant et favorable aux apprentissages. Tous les aspects de la profession ont ainsi été abordés, de la formation initiale et continue des personnels aux pratiques et outils pédagogiques nécessaires aux élèves.

Par l'engagement de tous les participants et intervenants pour une meilleure prise en compte de la dimension affective dans le développement du jeune enfant s'est dessinée une autre conception des apprentissages. Il s'agit de mieux comprendre les mécanismes et les conditions d'acquisition du langage afin de contribuer à former, à terme, à la fois de bons lecteurs et des lecteurs actifs ayant le goût de la lecture.

Les assises ont également montré que cela passe par un renforcement de la professionnalisation des acteurs en développant la formation initiale des professeurs des écoles et les formations conjointes des professeurs des écoles et des ATSEM qui les assistent dans la vie quotidienne de la classe.

Enfin, elles ont conclu à l'amélioration des collaborations et de l'action conjointe au sein de la communauté éducative, avec les parents et les partenaires en charge de la petite enfance.

On doit en effet envisager les démarches diverses de coéducation entre l'école maternelle et les parents. Pour être efficaces, nous nous devons d'envisager des pratiques qui, de l'école à la maison, trouvent une résonance, voire, si je peux utiliser un néologisme pour désigner ce partage de réflexions et d'objectifs, une *raisonnance*. Pensons évidemment aux pratiques de lecture, de vérification de la compréhension après la lecture, de mémorisation. Nombre de nos démarches peuvent gagner en efficacité par une cohérence accrue entre le travail engagé en classe et les prolongements à la maison. C'est pourquoi il est si important d'associer les parents en leur présentant les activités susceptibles d'aiguiser la curiosité, l'interrogation, la réflexion de leur enfant, de susciter son écoute et sa parole. L'école maternelle doit en effet accorder une part prépondérante à la découverte et à l'appréhension de la langue, à la fois comme héritage culturel et comme fondement de la structuration de la pensée logique.

Lutter contre la première des inégalités : la langue

Dès l'école maternelle, les enfants sont en situation d'inégalité du fait de leur contexte familial, de la richesse du langage à laquelle ils ont été exposés. C'est évidemment à l'École de la République, qui peut être fière de la tradition de son école maternelle, de compenser ces premières inégalités. Une politique républicaine du bien commun est d'abord une politique du langage commun, donc une politique de la langue française.

Il ne s'agit certainement pas d'inculquer à ces enfants des mots comme on gaverait des oies. Le plaisir de l'enfant et l'habileté pédagogique du professeur ne sont pas les ennemis de l'apprentissage méthodique, régulier, et de la répétition. Distinguons à ce propos ce qui relève d'une répétition mécanique, sans réelle vertu pédagogique, et un travail de répétition, réfléchi et progressif. On apprend à jouer d'un instrument en répétant des gammes, sciemment apprises par cœur ; il en est de même pour l'apprentissage des fondamentaux de la langue, qui requiert un travail continu, réitéré et prolongé par d'autres activités qui sollicitent l'expression personnelle.

École maternelle Jean-Zay de Mainvilliers – 8 septembre 2017

Les déplacements sont des moments très importants. Ils me permettent d'écouter, d'échanger, de me faire ma propre opinion et surtout ils me donnent la possibilité d'être aux côtés de ceux qui vivent et font vivre les réalités de l'éducation : les professeurs et tous les personnels de l'Éducation nationale. À chaque fois, je veille à varier les types d'établissements et surtout à me rendre dans des territoires qui se sentent marginalisés. Je pense à la France périphérique et rurale notamment. Ce vendredi 8 septembre, alors que la première semaine de rentrée s'achève, je me rends dans la banlieue de Chartres à l'école maternelle Jean-Zay de Mainvilliers, qui appartient à un réseau d'éducation prioritaire. En collaboration avec la mairie et la médiathèque, les professeurs organisent depuis trois ans des séances – une par période scolaire – où les parents d'élèves viennent en classe lire des histoires. Ces séances de « lecture offerte », d'une durée d'environ trente minutes, favorisent la création de liens entre les professeurs et les parents d'élèves, sensibilisent ces derniers à l'importance d'accompagner leurs enfants dans l'apprentissage de la lecture. Je vois là une bonne pratique qui mériterait d'être proposée dans d'autres écoles. J'assiste à la leçon du professeur de grande section de maternelle. Il a décoré avec beaucoup de soin sa classe à l'aide de chiffres, de lettres et de mots qui l'aident à faire prendre conscience aux élèves de l'écrit. La leçon est consacrée au langage justement. Elle commence par une lecture à voix haute d'un album illustré avant de répartir les enfants en ateliers de langage pour leur poser des questions ; il leur fait ainsi travailler leur vocabulaire, en l'occurrence, cette fois-là, celui de la colère : la colère qui monte, la colère qui éclate, être rouge de colère, bouder, crier, taper, casser, se rouler par terre, fâché, déçu… Grâce à cette séance, conçue en lien avec le professeur de CP, les élèves peuvent travailler sur la formulation de leurs émotions et découvrir toute la richesse des expressions de la langue française. C'est un moment très intéressant où l'on comprend concrètement l'importance de bien travailler les transitions durant les classes charnières : grande section/CP, CM2/sixième et troisième/seconde, qui peuvent être potentiellement déstabilisatrices pour bien des enfants.

En plusieurs circonstances, j'ai pu éprouver le goût presque physique que les élèves ont des mots. Cette appétence doit être cultivée car elle n'est en rien opposée à la ritualisation et à la mémorisation, bien au contraire. Un travail régulier et ouvert sur le vocabulaire, la découverte du principe alphabétique, l'écoute, l'expression personnelle qui suit la lecture et qui permet de développer sa sensibilité, la compréhension de textes lus par l'adulte et la manipulation de livres développent l'intérêt et le plaisir de l'enfant pour la lecture et fondent les soubassements de sa conscience linguistique.

C'est pourquoi, dès mon arrivée, il m'a semblé indispensable d'approfondir les liens du ministère avec l'association *Lire et faire lire*, dont les milliers de bénévoles, la plupart du temps des personnes de plus de 50 ans, se rendent chaque semaine dans les écoles maternelles pour lire des histoires à des petits groupes d'enfants. Quand il a eu cette idée très simple et généreuse, Alexandre Jardin voulait à la fois conforter la place des anciens dans la société, qui ont toujours joué un très grand rôle dans l'éducation des enfants, et donner à chacun d'eux la chance de s'entendre lire des histoires et prendre goût aux horizons infinis offerts par la littérature.

L'école maternelle est donc bien le lieu par excellence du plaisir d'apprendre. L'enfant y vient plein d'étonnement. Le goût de la découverte, l'appétit de connaissance qui habitent chaque enfant en entrant à l'école maternelle doivent s'approfondir durant ces trois années cruciales. La curiosité de l'enfant ne sera pas rassasiée mais amplifiée par ce premier départ, qui doit être réussi. C'est pour cela que l'école maternelle mérite toute notre attention.

CHAPITRE 2

L'école élémentaire, le creuset des fondamentaux

« Développer chaque individu dans toute la perfection dont il est susceptible, tel est le but de l'éducation » et telle doit toujours être, selon Emmanuel Kant, la mission de l'école. On sait combien les années passées à l'école primaire ont été fondatrices intellectuellement et émotionnellement pour nous tous, et elles doivent continuer à l'être pour les élèves d'aujourd'hui. C'est pour cette raison que j'ai fait de l'école primaire la priorité des priorités de mon action. À l'école élémentaire, avant que la difficulté scolaire ne survienne et ne s'enkyste, il est possible de donner à tous les élèves le bagage intellectuel et moral nécessaire pour leur permettre de réussir leur scolarité. Ces cinq années, du CP au CM2, font l'objet de toute notre vigilance. Il faut que le prodige raconté par Simone de Beauvoir advienne pour chaque enfant : « Un jour, il se fit un déclic dans ma tête. Maman avait ouvert sur la table de la salle à manger la méthode Regimbeau : je contemplais l'image d'une vache et les deux lettres, *c*, *h* qui se prononçaient *ch*. J'ai compris soudain qu'elles ne possédaient pas un nom à la manière des objets mais qu'elles représentaient un son : j'ai compris ce que c'est qu'un signe. J'eus vite fait d'apprendre à lire[1]. »

C'est par l'apprentissage de la lecture que tout commence car la bonne maîtrise des savoirs fondamentaux est un tremplin vers la culture, vers soi, pourrait-on dire. Par le truchement de ses professeurs, la République doit donc veiller au bon apprentissage de la lecture de chacun de ses enfants.

L'enseignement des enquêtes internationales : notre école élémentaire ne compense pas assez les inégalités sociales

La situation de l'école primaire française est préoccupante : elle ne parvient pas à résorber les lourdes difficultés scolaires de 20 % d'élèves et n'accompagne pas suffisamment ceux qui, pour connaître moins de difficultés, éprouvent cependant le besoin d'être mieux suivis dans leurs apprentissages. Ce chiffre de 20 % d'élèves en difficulté est très inquiétant car il perdure depuis la fin du primaire jusqu'à la fin de la scolarité obligatoire. Le ministère a ainsi identifié que 22,5 % des 760 000 jeunes âgés de 16 à 25 ans qui ont effectué leur JDC (Journée défense et citoyenneté) ne sont pas des lecteurs efficaces. Les études internationales nous indiquent la même chose. L'enquête TIMSS (*Trends in International Mathematics and Science Study*) mesure les résultats en mathématiques des élèves de CM1. L'édition de 2015 a montré qu'avec 488 points en mathématiques et 487 points en sciences, la France se situe en deçà de la moyenne internationale (500 points en mathématiques et en sciences) et de la moyenne européenne. L'enquête PIRLS (*Progress in International Reading Literacy Study*), qui évalue la compréhension en lecture des élèves d'un niveau de CM1 dans 50 pays, souligne que les résultats de la France n'ont cessé de baisser depuis 2001.

Cette situation est bien souvent le résultat d'un manque de recul sur nos méthodes car, si les professeurs consacrent un temps important à l'enseignement de la langue (330 heures, soit près de 100 heures de plus que nos voisins européens), ils proposent cependant moins souvent que leurs collègues européens des activités susceptibles de développer les stratégies et les compétences en compréhension de l'écrit des élèves.

Dédoubler les classes de CP et de CE1 en éducation prioritaire : un signal du nouveau volontarisme pédagogique

En travaillant sur *L'École de demain*, j'ai examiné différentes études montrant les progrès significatifs des élèves les plus fragiles dans les classes à effectifs très réduits. La dernière publication en date, menée par Adrien Bouguen, de l'Université de Mannheim, Julien Grenet et Marc Gurgand, chercheurs à l'École d'économie de Paris, a montré que le dédoublement d'une classe de vingt-quatre élèves améliore les « performances scolaires moyennes des élèves de manière significative[2] ». Concrètement, cette politique permet de « faire progresser un élève médian de deux ou trois rangs dans la classe » à la fin de l'année, « ce qui est loin d'être négligeable puisque cela représente la moitié de l'écart de niveau entre enfants de cadres et d'ouvriers en CP ». Ils indiquent que la mesure est particulièrement pertinente dans les premières années des apprentissages des élèves les plus défavorisés.

Pendant la campagne, le président de la République s'est engagé sur une division par deux des classes de CP et de CE1 dans les réseaux d'éducation prioritaire afin d'attaquer à la racine la difficulté scolaire de 340 000 élèves, soit 20 % d'une classe d'âge. La mesure est révolutionnaire. Avec le dédoublement, il est possible d'individualiser les enseignements et d'être au plus près des élèves pour les aider à surmonter leurs difficultés. C'est la première chose dont nous avons parlé avec Emmanuel Macron lorsqu'il préparait sa campagne.

Dès mon arrivée, au milieu du mois de mai, nous nous attelons avec mon équipe à la réalisation effective de cette mesure pour la rentrée 2017. Il y a alors urgence à agir pour ces élèves et urgence à adresser un message de volontarisme à l'ensemble de l'institution. On allait arrêter de parler des structures et des dispositifs et se concentrer sur l'essentiel : ce qui se passe dans les classes. En quelques jours, je prends connaissance des contraintes budgétaires qui pèsent sur nous. Sur cette base, nous définissons des priorités claires : le primaire, le lycée professionnel et une action résolue pour l'école rurale. La décision est arrêtée : à la rentrée 2017, 2 200 classes de CP seront dédoublées en réseau d'éducation prioritaire renforcée, à la rentrée 2018, 3 100 classes de CP en réseau d'éducation prioritaire, et les CE1 avec une année de décalage.

À rebours de l'image qu'elle a parfois, l'administration de l'Éducation nationale sait faire preuve d'agilité. Je le sais parfaitement. Et, en cet été 2017, j'ai à cœur de le prouver pour partager avec tous les personnels la fierté d'agir. Partout sur le territoire, les recteurs, les DASEN (directeurs académiques des services de l'Éducation nationale), qui sont les responsables départementaux de l'Éducation nationale, les inspecteurs de l'Éducation nationale qui gèrent les circonscriptions dont dépendent les écoles primaires ont noué des discussions avec les élus, ont préparé le dédoublement physique des classes et ont aménagé les lieux pour le rendre possible. Ensemble, nous avons travaillé d'arrache-pied pour adresser un signal de mobilisation de toute l'école et montrer ainsi que l'Éducation nationale était le fer de lance de la transformation voulue par les Français.

Durant tout l'été, nous avons réalisé les derniers ajustements en demandant aux rectorats de nommer des professeurs expérimentés dans ces classes. Certains commentateurs invoquent alors des contraintes de locaux insurmontables et l'impossibilité d'organiser un tel changement en si peu de temps. Pourtant, le 4 septembre, quand le président de la République se rend à Forbach pour visiter ce que l'on commence à appeler un « CP12 », l'objectif est atteint : 86 % des dédoublements ont conduit à des divisions en deux classes différentes et 14 % ont été effectués dans la même classe, selon une modalité spécifique.

Cette mesure en soutien des plus fragiles est un signal majeur pour l'ensemble de l'école : il est entendu que nous allons agir à la racine de la difficulté scolaire par une action résolue sur nos organisations et par un volontarisme pédagogique et éducatif sans faille. Ce volontarisme pédagogique qui s'est exprimé là allait bénéficier à tous les élèves. C'est pourquoi nous baptisons l'opération « 100 % de réussite au CP ».

Résultats de l'enquête internationale PIRLS – Novembre 2017

L'étude internationale PIRLS 2016 mesure les performances en compréhension de l'écrit des élèves en fin de quatrième année de scolarité obligatoire (CM1 pour la France). Quand les résultats me sont communiqués, je suis frappé par l'ampleur de la dégradation des résultats moyens des élèves français. Immédiatement, je demande à lire les textes narratifs et informatifs ainsi que le questionnaire soumis aux élèves de CM1 par l'enquête internationale. Pour des raisons évidentes d'objectivité de l'enquête, ils doivent demeurer confidentiels. Ce qui me saute aux yeux, c'est la longueur des textes, la richesse du vocabulaire et l'utilisation du temps du passé alors même que les attendus en vigueur à l'école primaire, d'une manière assez étrange du reste, ne prévoient pas l'apprentissage du passé simple à toutes les personnes.

Les élèves français répondent assez bien à tout ce qui relève de l'explicite des textes. Ils identifient ainsi les personnages, les situations. En revanche, ils échouent en grande majorité à comprendre les nuances de langue et l'implicite des textes. Transposons pour bien saisir ce qui se passe : si, dans un texte, le narrateur raconte que le personnage gravit un volcan qui gronde, certains élèves seront tentés de penser qu'un monstre se cache dans ce volcan. Ils ne perçoivent pas le caractère métaphorique de l'utilisation du verbe « gronder ». De même, trop peu d'élèves réussissent à dresser le portrait psychologique de cet homme qui gravit le volcan en dépit des dangers et des difficultés. En effet, cet homme fait preuve de courage, de ténacité, d'endurance.

La compréhension d'un texte est donc étroitement liée à la richesse du vocabulaire et aux capacités d'expression. Il paraît clair qu'il faut mener une stratégie globale car la langue, c'est à la fois des mots (le vocabulaire), la relation entre les mots (la grammaire), et aussi la relation entre les mots et la vie (la littérature).

Donner des bases solides en langue

Il nous faut absolument réagir car nous ne pouvons accepter que la France glisse, enquête après enquête, vers les profondeurs des classements internationaux. On ne construit rien de solide sur des fondations fragiles. Si nous laissons la situation ainsi perdurer, c'est l'avenir de la France que nous fragilisons ; c'est l'accomplissement des élèves qui est entravé, voire compromis. Là encore, il s'agit de notre bien commun, autour duquel toute notre société doit se rassembler.

Cette politique a pour objectif de viser chez les élèves le développement des compétences en langue et, pour les professeurs, de les aider à s'approprier les méthodes qui fonctionnent le mieux.

« Controverse Descartes » à la Sorbonne – 29 novembre 2017

Le célèbre linguiste Alain Bentolila organise depuis plusieurs années des rencontres autour d'un thème important du débat public. Cette année, le thème est fondamental : « Apprendre quoi ? Comment ? ». Il y a là d'éminents chercheurs, José Morais et Liliane Sprenger-Charolles ainsi qu'Erik Orsenna comme grand témoin. José Morais est le premier à prendre la parole. À l'aide de résultats fondés sur des expériences menées selon des protocoles rigoureux, il montre que la lecture est une opération complexe fondée à la fois sur le mouvement saccadé des yeux et une suite d'opérations cérébrales qui nécessite un décodage syllabe par syllabe pour accéder au sens des mots lus[3].

Liliane Sprenger-Charolles prend ensuite la parole : elle explique que la lecture fondée sur la reconnaissance des mots en fonction du contexte de la phrase est une méthode longue, fastidieuse et incertaine pour accéder au sens des mots. La fluidité, obtenue grâce à des automatismes dans la correspondance des phonèmes (les sons) et des graphèmes (la transcription des sons), est nécessaire pour permettre à tous les élèves d'accéder à la compréhension des textes écrits.

Chacun s'accorde donc à dire qu'il est indispensable d'apprendre systématiquement aux enfants la correspondance entre les phonèmes et les graphèmes. Chacun aussi relève que ces opérations de décodage ne suffisent pas à accéder au sens, mais que sans décodage fluide acquis dès la fin du CP, il est impossible d'accéder au sens. Erik Orsenna conclut alors avec cette phrase : « L'apprentissage rigoureux et systématique de la lecture, c'est l'accès à l'accès. »

Dans mon discours, j'insiste sur la nécessité de dépasser les clivages absurdes et stériles. En l'occurrence, la capacité de décodage et la fluidité de lecture qui en résulte ne s'opposent pas à la compréhension. Bien au contraire ! Trop de gens se positionnent dans le débat pédagogique depuis des décennies dans ce qu'ils croient être le camp du « Bien » – la compréhension, l'approche globale, la découverte par soi-même – contre ce qui serait le « Mal » – le décodage, l'exercice de la mémoire, l'apprentissage explicite des règles. Si de bonne foi on ne se contente pas des postures, il est temps de réconcilier les deux approches.

Notre volontarisme pédagogique s'appuie donc sur le déploiement d'une pédagogie explicite, structurée et progressive qui profite à tous. En effet, nos pratiques pédagogiques ont souvent donné lieu à des débats idéologiques fondés sur des idées certes généreuses, mais relevant plus d'intuitions, d'idées, de considérations politiques que d'une science ayant l'âge de ses instruments de mesure, comme l'écrivait Gaston Bachelard[4]. La bonne méthode est celle dont l'efficacité a été prouvée scientifiquement, par la comparaison entre un groupe témoin et le groupe qui a fait l'objet d'une innovation pédagogique. C'est ce cadre scientifique objectivé que nous sommes en train de développer car il est la première condition de l'amélioration d'un système éducatif avancé. Notre école ne peut pas rester à l'écart de la recherche scientifique et de ses avancées les plus récentes ; elle gagnera assurément à bénéficier de ses éclairages ; les progrès de nos élèves en dépendent.

Un conseil scientifique : l'apport de la recherche pour la réussite des élèves

Le ministère de l'Éducation nationale est le ministère de l'immatériel, de l'idéal, de la pensée qui, par essence, est en perpétuel mouvement. L'esprit scientifique qui nous guide peut se définir par une recherche de la vérité grâce à la démonstration des faits dans un esprit d'humilité dès lors qu'il s'agit de réalités humaines. En cela, l'esprit scientifique s'oppose au scientisme tout comme à la pensée magique et à l'idéologie. C'est pourquoi il est très important d'associer à l'action du ministère de l'Éducation nationale les chercheurs les plus reconnus internationalement. Aussi avons-nous décidé de créer un conseil scientifique réuni pour la première fois le 10 janvier 2018 sous la présidence de Stanislas Dehaene, professeur au Collège de France, titulaire de la chaire de psychologie cognitive expérimentale et reconnu de tous pour ses recherches sur les processus d'apprentissages des élèves[5]. Autour de lui, nous avons réuni des chercheurs issus de disciplines variées et unanimement reconnus pour la qualité de leurs travaux. Dès à présent, leur travail permet de mettre à la disposition de tous les professeurs les avancées les plus récentes de la recherche et d'éclairer les grandes décisions pédagogiques que nous devons prendre.

Un système éducatif moderne se doit d'intégrer des grilles d'analyse qui lui permettent de disposer d'une vision objective sur l'efficacité des actions conduites et de procéder, si nécessaire, à d'éventuels aménagements. Les enquêtes internationales sont explicites sur ce sujet : la culture de l'évaluation est l'un des principaux leviers de progrès de tous les systèmes éducatifs. Nous avons donc élaboré des évaluations. Elles sont le fruit d'une longue réflexion qui a associé des chercheurs comme Michel Fayol[6]. En mathématiques, les évaluations proposées aux élèves de CP apprécient la capacité à construire un nombre, à le décomposer puis le recomposer, à maîtriser la connaissance de la suite numérique. En français, elles mesurent la connaissance des lettres de l'alphabet, des sons, du vocabulaire, de la compréhension orale et des gestes de l'écriture cursive.

Ces évaluations vont permettre aux inspecteurs et aux professeurs de disposer d'une connaissance fine des compétences des élèves reliées à l'apprentissage des savoirs fondamentaux ; ils pourront ainsi adapter les pédagogies en fonction des besoins de chaque élève.

Lire, écrire

Le débat sur les méthodes d'apprentissage de la lecture a été éclairé par de nombreuses enquêtes internationales et de très récentes enquêtes françaises, notamment celles de Jérôme Deauvieau ou encore celles menées par Roland Goigoux.

Ces études nous mettent devant notre responsabilité collective. Elles établissent en effet que les élèves, hors cas cliniques (moins de 5 % d'une classe d'âge), peuvent tous entrer normalement dans la lecture. Elles soulignent aussi que l'expérience et l'assurance professionnelle du professeur ne suffisent pas à faire de tout élève un bon lecteur. La méthode d'apprentissage est déterminante.

Or l'enseignement par la méthode mixte, qui recoupe certes une variété de dosages entre l'approche globale et l'approche syllabique, ne donne pas les résultats attendus. En 1999, le National Reading Panel conduit aux États-Unis avait déjà montré l'importance de la maîtrise du code grapho-phonétique et de la lecture à voix haute pour la maîtrise de la lecture. En 2013, l'enquête conduite par Jérôme Deauvieau a prouvé que l'utilisation dans les classes de manuels qui ont une approche syllabique donne de meilleurs résultats en matière de déchiffrage et de compréhension[7].

La méthode syllabique est une méthode progressive qui vise à donner rapidement une autonomie dans le déchiffrage des mots. Prenons un exemple : lorsque l'élève aborde l'apprentissage du graphème *s* qui peut se prononcer */z/*, il commence par l'apprentissage des syllabes : « usa, iso… » ; puis il passe aux mots : « musée, usine, rose… » ; puis aux phrases : « Paul et Louise embrassent leur papa assis sur le sable » ; qui donnent ensuite une dictée de phrases : « Assise sur le sable, Lisa lit le journal. » Cette méthode n'expose jamais les enfants à lire des mots qu'ils ne savent pas déchiffrer et qu'il s'agirait de deviner grâce au contexte, considérant que c'est un facteur d'incertitude pour eux et donc d'angoisse. Au début, les exercices peuvent apparaître un peu mécaniques, mais très vite, en trois ou quatre mois, l'élève sait déchiffrer une grande quantité de mots et acquiert ainsi une autonomie et une aisance qui le rassurent.

Pour acquérir cette fluidité à la fin de la classe de CP, et pour accéder au sens et prendre goût à la lecture, il est indispensable de transmettre aux élèves les automatismes de lecture par un apprentissage intensif du code en les accompagnant de différentes pratiques pédagogiques : la lecture à voix haute ainsi que les exercices d'écriture. Écrire permet aux élèves de s'approprier la structure fondamentale d'un texte, d'un récit ou d'une description, et d'enrichir peu à peu leur conscience linguistique[8]. Dans le même sens, enrichir progressivement le vocabulaire des élèves est indispensable pour améliorer leur compréhension et leurs capacités d'expression. C'est pour cette raison que les élèves doivent écrire le plus possible. L'écriture manuscrite doit être pratiquée au quotidien car elle est une composante essentielle dans le mécanisme des apprentissages de la langue.

La démarche de lecture engage un grand nombre de compétences, qu'il faut travailler conjointement. Pour y arriver, les professeurs ont besoin d'être soutenus. C'est pourquoi j'ai décidé que les 18 heures de formation auxquelles doivent participer les professeurs des écoles seraient fléchées sur le français (9 heures) et les mathématiques (9 heures). Deux recommandations ont été publiées au *Bulletin officiel de l'Éducation nationale* (*cf.* Annexes). La première encadre les pratiques de lecture et redit l'importance d'un enseignement progressif et explicite, qui doit déboucher sur la compréhension et susciter le goût de la lecture. À ce titre est encouragée la lecture de textes longs, riches d'un vocabulaire varié et nuancé. La seconde précise les modalités d'enseignement de la grammaire et du vocabulaire, qui doivent faire l'objet de leçons à part entière selon une progression annuelle. Si, au fil de la lecture des textes littéraires, il est important de faire des rappels de grammaire, cet enseignement ne peut pas se résumer au hasard des lectures menées en classe.

La dictée fait partie des exercices qui permettent de faire travailler la langue aux élèves et c'est pourquoi je redis son utilité dans les apprentissages quotidiens. Elle est en effet un exercice d'orthographe mais bien aussi, et nécessairement, une pratique de lecture fine et exigeante, qui suppose de chaque élève qu'il procède au repérage, dans le texte dicté, des informations essentielles à la définition des accords, qu'il effectue des inférences pour lever certaines ambiguïtés. Je n'en fais pas l'alpha et l'oméga de la pédagogie, seulement un outil quotidien qui permet aux élèves de consolider leurs acquis. Il y a une épreuve de dictée au brevet des collèges, l'objectif est donc bien que la dictée continue jusqu'en troisième. Tout simplement parce qu'elle permet, quelle que soit sa forme, de s'approprier la langue, d'en comprendre la structure, d'en assimiler le vocabulaire. Et de se poser des questions. La langue française, ne l'oublions pas, est ce qui permet à notre pays de 66 millions d'habitants d'exister et d'avoir un certain poids dans un monde peuplé de 7 milliards d'individus. Sa beauté et sa spécificité logique nous structurent et chaque enfant renforce son sens esthétique et son sens logique en écrivant des dictées.

J'ai tenu à rappeler personnellement ces exigences à l'ensemble des 1 200 inspecteurs qui ont en charge les circonscriptions scolaires que j'ai rencontrés au cours de six séminaires régionaux[9]. Les inspecteurs sont en effet des acteurs essentiels du rebond que nous attendons à l'école primaire. Leur fonction est exigeante et essentielle dans le pilotage pédagogique de la circonscription scolaire. Bien qu'ils soient accaparés par les tâches administratives, je leur ai cependant demandé d'être le plus possible dans les classes, en soutien des professeurs, pour apporter des réponses aux difficultés rencontrées et pour bien expliquer les objectifs des évaluations et de l'action pédagogique que nous menons. Il ne faut jamais perdre de vue la finalité de notre action : l'élève et ce qu'il se passe vraiment dans la classe. C'est entre ces quatre murs, dans la rencontre d'un pédagogue et d'élèves, que le plus important se joue. Toute l'action de l'Éducation nationale est conduite dans ce but : faciliter autant que possible l'acte pédagogique. C'est précisément ce que j'appelle l'école de la confiance : l'acte individuel du professeur qui se double d'un sens aigu de l'équipe. Chaque professeur de France doit sentir qu'il a derrière lui une institution d'un million de personnes pour le soutenir. J'aimerais pouvoir dire bientôt que derrière chaque professeur il y a en fait le pays tout entier.

Pour appuyer cet effort, l'heure hebdomadaire que les professeurs des écoles utilisent pour des APC (activités pédagogiques complémentaires) est désormais entièrement consacrée à la compréhension de l'écrit. Les stages de réussite que nous développons pendant les vacances sont proposés aux élèves de cours moyen, notamment de CM2, pour consolider leurs connaissances en français et en mathématiques. Encadrés par des professeurs, ils sont organisés dans les locaux scolaires pendant cinq jours, à raison de trois heures quotidiennes. Dès l'été 2017, quelque 110 000 élèves ont participé à ces stages. L'objectif que nous avons fixé aux services de l'Éducation nationale est une augmentation du nombre de places offertes à ces stages de 20 %. Je suis particulièrement attentif aux stages du printemps et de l'été 2018 pour les CM2 car ils sont un levier important pour atteindre l'objectif d'envoyer tous les élèves au collège avec des savoirs fondamentaux consolidés.

J'ai également soulevé la question du choix du manuel utilisé en classe. Alors qu'il est avéré qu'à ce stade de la scolarité, il est plus efficace de s'aider d'un manuel, bien des classes n'en disposaient pas. En outre, nous savons parfaitement que tous les manuels ne se valent pas, que certains sont plus pertinents que d'autres. Pour éclairer les professeurs dans leur choix de manuels, le conseil scientifique de l'Éducation nationale travaille sur les critères objectifs qui accompagnent les choix futurs des meilleurs manuels pour faire réussir les élèves.

Assemblée nationale – Réponse sur la question de l'écriture inclusive – 15 novembre 2017

La députée Laurence Vichnievsky (MODEM) m'interpelle à l'Assemblée sur la tribune signée par 314 membres du corps professoral refusant d'enseigner la règle « le masculin l'emporte sur le féminin » qui fait alors écho au débat sur l'écriture inclusive. Elle s'indigne qu'un professeur puisse décider de son propre chef de ne plus enseigner une règle de grammaire. La réponse m'est venue comme une évidence : « La langue française est pour nous tous, particulièrement pour les enfants de ce pays, notre bien le plus précieux. Ma mission, avec votre soutien à tous, est de transmettre sa beauté aux générations futures. La cause de l'égalité hommes-femmes est aussi l'une des plus importantes qui soit. On ne saurait accréditer l'idée que notre langue soutienne, de quelque manière, les inégalités. La France a comme emblème une femme, Marianne ; l'un de ses plus beaux mots est féminin, la République ; et notre langue a porté bien des combats féministes hier, continue de le faire aujourd'hui et le fera encore demain. C'est pour cela que j'ai réagi tout de suite lorsque j'ai lu cet appel. Bien entendu, il n'y a pas autant de grammaires qu'il y a de professeurs. La liberté pédagogique existe dans le cadre des programmes. Ceux-ci comportent une grammaire, mais on n'est bien entendu pas obligé de dire que le masculin l'emporte sur le féminin – il suffit de dire que l'accord se fait avec le masculin. Cette règle, comme d'autres, relève de l'usage, ce dernier étant le seul arbitre avec l'Académie française.

La ministre de la Culture a en charge la politique linguistique du gouvernement. Ayant pour ma part en charge la transmission aux élèves, je serai bien entendu vigilant pour qu'il n'y ait qu'une grammaire, comme il n'y a qu'une langue et qu'une République. »

Six jours plus tard, le Premier ministre tranche définitivement par sa circulaire du 21 novembre relative aux règles de féminisation et de rédaction des textes publiés au Journal officiel *de la République française.*

Une forte mobilisation en faveur du livre et de la lecture

De la lecture avant toute chose, donc : c'est un point fondamental, et sa maîtrise est la condition absolue d'une éducation réussie, plus encore quand un élève sur cinq ne maîtrise pas bien la lecture à la sortie de l'école primaire. Aussi ai-je voulu prolonger ces recommandations par une grande mobilisation en faveur du livre et de la lecture : il faut en effet placer la lecture au cœur des temps et des espaces de l'enfant du XXIe siècle, dont l'attention est parfois excessivement captée par les écrans.

Plus une société est technologique, plus il faut renforcer ce qui fait son humanité. Et cela passe par la lecture. La lecture isole en apparence mais en réalité nous ouvre un champ infini. D'ailleurs, les enfants les plus jeunes le saisissent parfaitement puisque les études montrent que le goût de la lecture se maintient assez bien dans le primaire et ne se dégrade qu'à partir du collège. Comme l'exercice physique, d'ailleurs : les deux sont victimes des tablettes et des smartphones ! Mon défi est donc de réinsuffler la notion de lecture-plaisir à tous les niveaux.

J'ai une très grande confiance dans l'envie des professeurs de transmettre le goût, voire la passion, de la lecture qui est, par définition, ancré en eux. Sinon, ils n'auraient pas choisi ce métier. Mais ils ont besoin d'un signal de l'institution pour se lancer encore plus en avant dans cette démarche. Il y a eu une époque qui a un peu bridé le plaisir de lecture au profit d'un enseignement plus technique, voire techniciste, de la langue, qui consistait à faire apprendre à des enfants de 12 ans des figures de rhétorique plutôt que de leur faire lire et aimer de beaux textes. C'est pourquoi, dans la lettre que j'ai adressée au Conseil supérieur des programmes, j'ai demandé que l'on soit attentif à vraiment réinstaurer la lecture-plaisir, en la reliant d'ailleurs à l'histoire. Et je n'ai aucun doute sur la motivation des professeurs à aller dans ce sens. Pour y arriver, il faut réhabituer les enfants à lire des textes longs. Le phénomène Harry Potter en est un bel exemple : on a vu des enfants de 10 ans dévorer des livres de 400 pages spontanément pour leur propre plaisir ! C'est donc assurément possible. Et c'est d'autant plus nécessaire que cela est au service de la réduction des inégalités. Car quels sont ceux qui, dans les années suivantes, seront le mieux préparés à affronter des textes plus longs, plus compliqués ? Ceux qui, en dehors de la classe, grâce à un contexte familial ou social plus favorable, ont pu compléter leur travail scolaire. Or la mission de l'École de la République est de réduire ces inégalités.

L'un de nos combats prioritaires avec la ministre de la Culture est de remettre la bibliothèque au centre des écoles et des lycées en lui attribuant une double dimension : une dimension classique, éternelle (c'est l'endroit où l'on s'assoit et où on lit en silence), mais aussi une dimension plus conviviale, plus collective, plus numérique (c'est l'endroit où on peut échanger, travailler à plusieurs). Le rapport d'Erik Orsenna va nous aider dans ce sens[10]. J'ai demandé aux services de l'Éducation nationale de rédiger le cahier des charges de la bibliothèque d'école idéale, que ce soit pour un meilleur accueil des enfants dans de beaux locaux, la constitution du catalogue ou l'animation du lieu. Sur cette base, nous allons lancer un appel d'offres pour aider les communes à redynamiser ces lieux qui ont été inventés au début des années 1980 et ont été parfois un peu délaissés. Les collections de livres sont souvent vieillissantes et la fréquentation des élèves pas toujours très importante. Notre objectif est que tous les enfants partent le vendredi soir avec un livre et qu'ils reviennent le lundi en l'ayant lu. Pour cela, nous allons resserrer les liens entre les écoles et les bibliothèques. Nous voulons en effet que les bibliothèques, les médiathèques, les librairies deviennent des espaces culturels régulièrement fréquentés par les enfants. Ces lieux de culture vont avoir pour prolongement naturel les bibliothèques d'école et les CDI, qui seront repensés et surtout mieux financés, notamment dans les zones les plus éloignées des centres culturels.

Parmi les outils dont nous pouvons nous servir pour permettre aux enfants de s'ouvrir aux textes et d'enrichir leur vocabulaire, il y a la chanson, la poésie ou la lecture à voix haute. Dans ce domaine, il existe des initiatives comme celle d'Alexandre Jardin dont j'ai déjà parlé, et comme *Silence, on lit !*, association soutenue par Danièle Sallenave et qui conduit dans un établissement à une lecture de quinze minutes en silence par tout le monde chaque jour. C'est le cas par exemple à l'école Saint-Exupéry de Menton. Chaque jour, à la fin de la pause méridienne, tous les élèves s'installent à leur place pour lire dans le plus grand silence. Chaque élève choisit son livre. Les professeurs et tout le personnel de l'école apportent les leurs. Le quart d'heure de communion livresque est un moment apaisé d'union autour de la culture. Il nous faut tendre à sa généralisation dans toutes les écoles et les collèges de France. Il y a aussi de multiples associations qui prennent de belles initiatives comme le *Labo des histoires*, qui propose aux élèves des ateliers d'écriture.

En juin dernier, nous avons distribué 150 000 exemplaires des *Fables* de La Fontaine à des élèves de CM2. Cette année, nous recommençons pour les 800 000 élèves de CM2 avec une surprise : Joann Sfar a accepté de les illustrer par 29 magnifiques planches. Souvent, on me demande : pourquoi un recueil de fables de La Fontaine ? Ma réponse est assez simple : La Fontaine est au cœur du patrimoine littéraire de la France et il y a quelque chose d'éternel chez lui. Sans parler de sa dimension éducative : à la fois dans la forme, par cette langue merveilleuse dont Fabrice Luchini sait si bien restituer la splendeur et la clarté, et sur le fond, par les leçons de vie qu'il véhicule. La qualité de la langue est un enjeu essentiel. Je suis parfois surpris par l'approche de ceux qui veulent croire que son affadissement ou sa fragmentation pourraient être de quelque façon un vecteur de progrès.

École Paul-Claudel de Tourcoing – Distribution des *Fables* de La Fontaine – 26 juin 2017

Avec Gérald Darmanin, nous assistons à une leçon consacrée à l'explication d'une des fables du recueil distribué à tous les enfants de CM2 de cette classe : « Le loup et le chien ». La fable n'est pas si simple et le vocabulaire riche et daté. Grâce à des images, à la narration du professeur, à la qualité de son questionnement, les élèves s'enthousiasment pour ce texte qui a toute la force de la simplicité. Il ne faut donc jamais présumer de la curiosité et des goûts des élèves. C'est pour cette raison que quelques mois plus tard Joann Sfar a accepté d'illustrer les fables. Il est intervenu à de nombreuses reprises dans des collèges difficiles et, me dit-il, il n'a jamais vu un enfant qui n'était pas curieux. Il y a certes des enfants empêchés, des enfants qui peuvent aller mal. « Jamais, me répète-t-il, pour bien insister sur ce point, jamais je n'ai rencontré d'enfants qui n'étaient pas curieux. » Et c'est bien ce que je vis dans cette salle de classe. Je lis devant eux « Le laboureur et ses enfants ». Ils l'entendent pour la première fois et m'interrogent sur les mots qu'ils ne connaissent pas. Dès la première lecture, ils ont compris le sens du texte et sa portée. Ils le font dans un esprit de joie et de bonne humeur comme tous les enfants que l'on frotte au « gai savoir ».

Compter

La rigueur que nous mettrons dans l'apprentissage de la langue aidera d'autant les élèves dans l'apprentissage des mathématiques. Là aussi la situation n'est pas à la hauteur de ce qu'on peut légitimement attendre d'une grande nation de mathématiques. L'évaluation TIMSS 2015 place tout simplement la France au dernier rang des 19 pays participants. L'enquête CEDRE (Cycle des évaluations disciplinaires réalisées sur échantillons, organisée par le ministère) souligne la fragilité des acquis des élèves à la fin de l'école primaire. On y apprend que 42,4 % des élèves ont une maîtrise fragile des mathématiques, voire de grandes difficultés. Multiplier 35,2 par 100 représente un obstacle majeur pour la moitié des élèves de CM2. Plus grave, ces difficultés perdurent tout au long du collège et du lycée puisque l'enquête menée lors de la Journée défense et citoyenneté, qui concerne tous les Français âgés de 16 à 18 ans, montre que 10 % d'entre eux ont des difficultés dans l'utilisation des mathématiques de la vie quotidienne. On assiste donc à un véritable gâchis avec d'un côté des professeurs quelquefois démunis et en souffrance, et de l'autre, une partie des élèves qui se déclarent, parfois dès l'âge de 7 ans, « nuls en mathématiques ».

Pour avancer et éclairer notre réflexion sur cette question, j'ai demandé à Cédric Villani, lauréat de la médaille Fields, et à Charles Torossian, inspecteur général de mathématiques, un rapport sur l'enseignement des mathématiques qu'ils m'ont remis le 12 février 2018[11].

Nous vivons une époque de changements extraordinaires et accélérés, de nouvelles connaissances, de nouveaux outils et de nouvelles façons de communiquer qui sont tous reliés, d'une manière ou d'une autre, aux mathématiques. Tous les élèves ont besoin des mathématiques car elles développent chez eux le goût de la démonstration par les preuves. Dans un monde où l'irrationnel voisine parfois dangereusement avec la vérité scientifique, la formation au raisonnement des jeunes esprits est cruciale. Sur cette question comme sur les autres, j'ai toujours dit qu'il fallait regarder les choses en face et réfléchir sans œillères à tous les aspects de ce problème pour agir avec pragmatisme.

Pour inclure tous les élèves dans les apprentissages de mathématiques, le rapport recommande une pédagogie des mathématiques davantage fondée sur la manipulation, la verbalisation et l'abstraction. Les auteurs insistent sur l'importance des automatismes acquis dès le plus jeune âge par la répétition et la mémorisation. Ces automatismes de calcul s'acquièrent par des pratiques rituelles et quotidiennes : répétition, calcul mental et intelligent pour favoriser la mémorisation et surtout libérer l'esprit des élèves en vue de la résolution de problèmes plus complexes. Comme pour la lecture, il est donc indispensable d'être rigoureux et systématique dans les apprentissages fondamentaux pour permettre aux élèves d'accéder à des problèmes plus élaborés. De même, le rapport recommande que les élèves de CP soient sensibilisés au sens des quatre opérations.

Pour traduire concrètement ces préconisations, au moment où j'écris ces lignes, deux recommandations sur l'enseignement des mathématiques sont publiées (*cf.* Annexes). L'une concerne le calcul et l'autre la résolution de problèmes mathématiques. Ces documents ont un impact très important car ils donnent un cadre dans lequel les inspecteurs et les professeurs déploient leur action pédagogique[12].

Ce progrès des mathématiques sera accompagné d'une grande ambition pour l'enseignement des sciences. L'approche expérimentale de La main à la pâte, promue par l'Académie des sciences, sera amplifiée pour que tous les élèves comprennent bien la démarche scientifique et pour susciter ainsi toujours plus de vocations.

Réexaminer les programmes pour les simplifier et en faciliter l'usage

Le rapport Villani-Torossian va permettre d'alimenter les réflexions du Conseil supérieur des programmes que j'ai saisi pour clarifier ces derniers. Les programmes des cycles 2, 3 et 4 (du début de l'école primaire à la fin du collège) sont en train d'être réexaminés et, si nécessaire, précisés afin que les parents puissent comprendre aisément ce qu'on attend des apprentissages des enfants. Je peux compter en ce domaine sur l'expertise de la nouvelle présidente du Conseil supérieur des programmes, Souâd Ayada, inspectrice générale de l'Éducation nationale. Son parcours exemplaire lui a permis d'occuper les différents échelons pédagogiques de notre école.

Son exigence disciplinaire la désigne pour cette fonction, que je sais à la fois stimulante et délicate.

Les programmes de la scolarité obligatoire (de la maternelle à la troisième) ne seront pas réécrits mais remusclés. En effet, ils ont été conçus par cycle de trois ans, ce qui est intéressant car cela permet aux professeurs de reprendre des notions des années précédentes que les élèves ne maîtriseraient pas. Mais le risque est de reporter indéfiniment les apprentissages. Pour mieux accompagner les professeurs dans leur travail quotidien, j'ai demandé que soient réalisées des progressions annuelles à l'intérieur des cycles. Ces progressions, plus ou moins détaillées selon les années (plus au CP et au CE1 par exemple), devront comporter des attendus de fin d'année explicites en termes de compétences et de connaissances. Ce cadrage, mis à disposition à l'été 2018, permettra aux professeurs de mieux organiser leur année, de mieux évaluer les élèves et d'être au plus près de leurs besoins.

De même, le Conseil supérieur des programmes va donner plus de cohérence aux enseignements. À ma grande surprise, j'ai par exemple découvert que les programmes n'exigeaient des élèves que la maîtrise du passé simple à la troisième personne du singulier et du pluriel. Tous les élèves doivent évidemment apprendre la conjugaison de tous les groupes de verbes, à tous les temps et à toutes les personnes. Sur ce sujet, comme sur d'autres, abaisser l'exigence est une démagogie qui aboutirait, si on la suivait, à accentuer les inégalités sociales et à nous affaiblir collectivement.

Nous avons la chance d'avoir une langue magnifique par sa richesse et sa précision et qui contribue au rayonnement de notre pays. Elle structure notre pensée et fait ainsi notre originalité. Elle est notre sève. Il faut donc donner aux enfants l'amour de cette langue en leur faisant partager ses subtilités, ses nuances et ses complexités.

La langue française est notre bien commun. Le passé simple par exemple, s'il n'est pas appris à l'école, sera appris en famille mais uniquement dans certaines familles. On privera donc certains enfants de pans entiers de notre littérature et même d'une vision complète de la richesse de notre langue. Il est donc important que l'école offre à tous le meilleur de la connaissance. C'est une exigence de justice sociale.

Grâce à cette action globale, nous allons gagner en efficacité et ainsi aider chaque élève dans ses apprentissages en avançant sur deux jambes, la culture et la logique. La personnalisation des parcours est un point crucial pour la réussite des élèves qui éprouvent des difficultés mais aussi pour ceux qui, intellectuellement précoces, sont parfois mal à l'aise à l'école. Selon nos façons d'enseigner, nous pouvons faire pleinement réussir un enfant ou contribuer à sa marginalisation. Notre capacité à prendre en compte ces différences grâce à la formation des professeurs dit quelque chose de notre capacité à faire une place à la singularité de chaque élève.

Avec des compétences fondamentales solides, chacun pourra aborder plus sereinement le passage de l'école au collège. Ma conviction et ma détermination sont totales pour relever ce défi. Elles sont partagées, je le sais, par des milliers de professeurs qui attendent de leur institution clarté et soutien.

CHAPITRE 3

Au collège, consolider et enrichir la culture des élèves

Premier établissement du niveau secondaire, le collège accueille tous les enfants scolarisés au terme de l'école élémentaire : depuis la réforme de 1975 (loi Haby), ils y suivent un enseignement unifié qui s'étend sur quatre années de scolarité (sixième, cinquième, quatrième et troisième) et s'achève par le premier examen de la scolarité donnant lieu à l'obtention du diplôme national du brevet. L'école primaire et le collège constituent la scolarité obligatoire. Depuis l'annonce du président de la République, il convient d'ajouter l'école maternelle.

Les quatre années de collège doivent permettre de conforter l'acquisition des savoirs fondamentaux. Pendant ces années, il est indispensable de cultiver le goût des élèves pour le savoir en élargissant leurs horizons culturels grâce aux sciences, aux langues, au français, à l'histoire, aux langues anciennes, aux disciplines artistiques – la musique et les arts plastiques –, aux sorties au musée ou aux voyages à l'étranger et à des pratiques culturelles comme le chant et le théâtre, qui relèvent du « dire » et auxquelles il importe en effet que nous exercions les élèves dès le plus jeune âge car l'oral est une composante essentielle de la vie.

Redonner de la souplesse et de l'ambition à la réforme du collège

Au cours des dernières années, le collège a été un point de crispation très important. Beaucoup de professeurs ont critiqué la réforme de 2016. J'ai moi-même émis de sérieuses réserves au moment de sa présentation parce qu'au nom de l'égalité, on prétendait utile de supprimer ou d'affaiblir les classes bilangues, l'enseignement des langues anciennes ou encore les sections européennes. Comme recteur de Guyane ou de Créteil, j'avais travaillé à l'implantation de ces dispositifs en privilégiant toujours les établissements les plus défavorisés. Cela représentait à mes yeux l'un des outils les plus efficaces pour créer de l'attractivité et donc de la mixité sociale dans les territoires en difficulté, urbains et ruraux. Cette réalité, beaucoup de professeurs la connaissent et la vivent. Il leur a été insupportable de voir des arguments de nature sociale à l'appui de mesures antisociales lorsque ces classes dont ils voyaient les bienfaits ont été supprimées. La réforme du collège a entraîné une diminution de 30 000 élèves bénéficiant d'une LV2 en sixième et la fermeture de 30 % des classes bilangues existantes. Avec cette réforme, ce sont 84 % des classes bilangues qui avaient été supprimées dans l'académie de Caen… et seulement 4 % dans l'académie de Paris. Une forme de suspicion à l'égard de l'excellence s'exprimait ainsi avec une assurance qui confinait à l'inconscience et pénalisait les plus défavorisés.

Dès mon arrivée, je décide de remettre à plat ce dossier en veillant à garder les avancées positives comme la plus grande autonomie laissée aux établissements, l'interdisciplinarité et l'apprentissage anticipé d'une seconde langue vivante en classe de cinquième. En revanche, je rétablis les classes bilangues et l'enseignement des langues anciennes.

De plus, l'organisation du collège est assouplie pour donner aux professeurs les moyens d'agir au plus près des besoins de leurs élèves dont les profils, le niveau, on le sait, sont parfois très hétérogènes.

À nouveau, nous permettons d'enrichir l'offre éducative des collèges, notamment dans les quartiers les plus défavorisés. Tous les rectorats reçoivent alors comme instruction d'ouvrir ou de réouvrir des classes bilangues en veillant à les implanter dans les collèges les moins attractifs.

Les sections européennes, qui avaient été supprimées, peuvent à nouveau être déployées. Elles permettent aux élèves de suivre un enseignement renforcé en langues, et dans certaines régions en langue régionale, notamment en étudiant une discipline non linguistique, l'histoire le plus souvent, en langue étrangère. De même, nous réinstituons un véritable enseignement de latin et de grec qui avait été dilué en grande partie dans les enseignements interdisciplinaires.

Au prétexte d'assurer l'égalité entre les élèves, on avait réduit l'offre éducative plutôt que de l'augmenter. Ce n'est pas ma conception de l'école : je n'ai jamais opposé l'ambition, l'aspiration à l'excellence, à la recherche d'une plus grande égalité des chances, tout simplement parce que l'égalité des chances passe par l'ambition, l'excellence offerte à tous. L'esprit républicain nous enjoint de proposer plus à ceux qui, parce qu'ils n'ont pas les opportunités culturelles de leurs camarades, ont besoin de plus.

Dans la foulée, je commande d'ailleurs un rapport sur « Les humanités au cœur de l'école » à Pascal Charvet et David Bauduin. Leur travail a permis de montrer qu'une forte réduction des enseignements de latin et de grec a eu lieu dans les collèges REP et REP+[1]. En 2015, 129 collèges en zone d'éducation prioritaire n'avaient pas d'enseignement de lettres classiques ; ils étaient 288 un an plus tard. Il était donc largement temps, en cette rentrée 2017, d'entamer le travail de reconstruction !

Consolider la maîtrise des savoirs fondamentaux

Les recommandations sur l'apprentissage de la grammaire, du vocabulaire et de la lecture que j'évoquais plus haut prévalent aussi pour le collège. De manière très concrète, ces premières orientations se manifestent par l'évolution du diplôme national du brevet à la session 2018. L'extrême complexité de l'organisation des épreuves discréditait dangereusement l'examen. Elle est donc simplifiée avec une discipline évaluée par matinée. D'une manière générale, le contenu des épreuves des examens est toujours important car il est un levier puissant de transformation des pédagogies. Toujours dans notre volonté de bien ancrer les savoirs fondamentaux chez les élèves, nous avons souhaité la présence explicite de questions sur la grammaire de phrase. Sans la compréhension des structures d'une langue, il est illusoire de penser qu'on peut comprendre un texte et encore plus vain d'apprendre une langue étrangère. Au cours de mes visites dans les établissements, j'ai reçu un nombre considérable de témoignages qui vont dans ce sens. Je ne promeus pas la grammaire pour la grammaire. J'essaie cependant de veiller à ce que tous les élèves disposent de ces clés indispensables pour ouvrir les portes du savoir et de la culture, pour bénéficier de « l'accès à l'accès ». Et la grammaire est l'un de ces accès.

Les leçons de grammaire auxquelles j'ai assisté m'ont semblé à la fois pleines de sens, d'inventivité pédagogique, sans rien renoncer à la rigueur et aux nécessaires exercices pour permettre aux élèves d'assimiler les connaissances.

Je sais par ailleurs quelles difficultés les professeurs rencontrent à faire lire leurs élèves à un âge où les écrans et d'autres loisirs morcellent le temps et mordent sur celui consacré à la lecture. À l'heure où l'instantanéité, la variation, le mouvement conditionnent bien souvent les goûts des adolescents, on voit que nous avons fort à faire... Pour avoir vu de formidables expériences dans certains établissements, je pense que le développement de pratiques collectives de la lecture est une des pistes. J'ai déjà évoqué le quart d'heure de lecture, mais il y a aussi les cercles de lecture, les échanges *via* le numérique, le rendez-vous de lecture régulier pour ponctuer et accompagner la découverte des œuvres longues. Je suis néanmoins convaincu que, par des activités pédagogiques adaptées, par l'exploitation des nouveaux outils, par des approches ouvertes, nous pouvons réconcilier les élèves avec cette « félicité qui se mérite », pour reprendre la belle expression de l'écrivain haïtien Émile Ollivier.

Le collège bénéficiera aussi du travail de précision des programmes entrepris par le Conseil supérieur des programmes et des évaluations à l'entrée en sixième. Ces dernières vont permettre aux professeurs d'établir un bilan des acquis de leurs élèves et, ainsi, d'engager un accompagnement adapté. À cette fin, nous avons pris la décision que les élèves dont les évaluations indiquent une maîtrise « insuffisante » et « fragile » en « lecture et compréhension de l'écrit » bénéficient de 2 heures d'accompagnement personnalisé dédiées à la compréhension en lecture. Là encore, cette décision s'appuie sur un retour scientifique d'expérience : les chercheurs Maryse Bianco, Pascal Bressoux, Marina Tual, Marc Gurgand, Suzanne Bellue et Fanny de La Haye ont en effet expérimenté ce dispositif. Les séances, qui se déroulaient sur les heures d'accompagnement personnalisé, étaient conduites par des professeurs dans le cadre d'ateliers organisés deux fois par semaine pendant une période de six semaines. Chaque élève bénéficiait de 12 séances consacrées à l'amélioration du rythme de lecture et de 24 séances tournées vers la construction et le développement des compétences nécessaires à la compréhension écrite. L'expérience a montré son efficacité, notamment par des progrès incontestables chez les élèves faibles lecteurs : nous la retenons donc et la proposerons à tous les élèves qui en ont besoin.

Construire une culture générale et développer l'esprit critique

Il est un mot que je voudrais remettre à l'honneur : un mot philosophique qui s'inscrit dans l'ambition républicaine et nous renvoie à nos racines gréco-latines. Ce mot, qui constitue l'arrière-plan des savoirs fondamentaux mais aussi de l'informatique et de la compétence de codage, c'est le terme grec *logos*, que l'on peut traduire en français par la parole raisonnée et logique. La logique est une modalité d'appréhension, une grille de lecture que nous devons aux élèves parce qu'ils auront besoin, dans le monde qui vient, d'un langage structuré et d'une capacité d'appréhension du réel. Le raisonnement logique est aussi une nécessité ne serait-ce que pour faire face aux risques d'obscurantisme, l'une des caractéristiques de notre époque. Le néo-obscurantisme ne se réduit pas au seul fondamentalisme religieux. Je parle de la volonté de nier la science, de tordre le réel en fonction d'une idéologie ou de l'idée que l'on se fait du monde.

L'École de la République doit lutter contre toutes les formes d'obscurantisme en transmettant aux élèves le sens logique mais aussi des valeurs, des références, et naturellement en aiguisant leur sens critique grâce à une culture générale solide.

Loin de chercher l'uniformité de la pensée, notre école fait vivre l'esprit critique par tout ce qu'elle transmet : les savoirs fondamentaux, la condition indispensable pour que tous les autres savoirs adviennent, mais aussi les valeurs de la République, bien entendu, et la culture générale qui doit articuler enjeux éternels et enjeux nouveaux.

Les enjeux éternels, ce sont les humanités classiques car il ne peut y avoir de République si nos élèves ignorent d'où ils viennent et méconnaissent les racines de la langue qu'ils parlent, les racines de la civilisation dans laquelle ils vivent.

Les enjeux nouveaux, ce sont les humanités scientifiques et numériques qui nous projettent dans l'avenir. La notion centrale de *logos* réunit, dans une parenté logique précisément, le codage, la grammaire et les mathématiques. Par elle sont ainsi établies une forme d'unité du savoir et de lien entre les humanités classiques et les humanités nouvelles, et la démonstration que la préparation de l'avenir requiert la connaissance du passé.

De nombreux esprits voudraient opposer enjeux atemporels et enjeux nouveaux ; d'autres souhaiteraient tout bonnement en finir avec les humanités classiques au nom des humanités nouvelles. Gardons-nous-en, comme évidemment du réflexe inverse. Nous devons tenir l'un et l'autre ensemble en montrant qu'au fond, nous répondons toujours au même défi humain, au même défi républicain. Fiers de contribuer à l'avancée de la science et des technologies sur des valeurs solides, nous devons plus que jamais servir une République des Lumières, une République qui, reposant sur les sciences, est à la fois pleinement consciente de l'imperfection inhérente à la science et aux technologies, et pleinement consciente du progrès qui en constitue cependant l'horizon.

Dans le même esprit, dans le cadre des disciplines enseignées à l'école et de l'action menée par le Centre pour l'éducation aux médias et à l'information, nous devons expliquer à nos élèves l'importance de la presse et des médias, en les amenant à distinguer information et opinion, en leur permettant aussi de se forger leur propre jugement à partir des différents points de vue exprimés. Comme l'a dit le président de la République dans son discours du 4 janvier 2018 : « La technologie et l'argent subviennent au manque de compétences et l'indifférenciation des paroles et des avis conduit à tout confondre. » Favoriser le développement de l'esprit critique est fondamental, notamment dans un pays où l'on a pu mourir pour un dessin. Donner aux élèves la possibilité de décrypter la presse d'information, les journaux, est indispensable pour préserver notre espace démocratique. Plus globalement, il faut qu'ils appréhendent la construction de l'information et la méthodologie critique sur laquelle elle repose, qu'ils comprennent ce qu'est un fait et de quelle manière il se fonde sur des preuves et des recoupements de preuves. À l'heure où les élèves ne distinguent et ne hiérarchisent pas toujours les diffuseurs d'informations sur Internet, à l'heure où les théories du complot exploitent la crédulité et la confusion entre opinion et point de vue, il est très important de leur faire prendre conscience de la nécessaire contextualisation d'une information. Il est tout aussi fondamental, en confrontant les médias institutionnels et ceux qui ne le sont pas, d'insister sur les risques de manipulation. Exercer son regard critique sur les messages diffusés, c'est le moyen pour les élèves de comprendre les opportunités d'Internet mais aussi l'exigence critique que la navigation numérique requiert. En cette matière, le discernement compte avant tout.

Renforcer l'accompagnement au collège : « Devoirs faits »

Nous devons rechercher l'excellence. L'excellence, c'est tout simplement vouloir hisser notre système vers le haut ; c'est reconnaître que chaque élève dispose d'un talent singulier et tout faire pour aider ce talent à se déployer. C'est précisément l'ambition du dispositif « Devoirs faits », qui additionne l'exigence républicaine et l'ambition d'excellence. De fait, face à l'accompagnement, toutes les familles ne sont pas égales ; toutes les familles ne peuvent pas aider leurs enfants ; certaines le pourraient mais, pour diverses raisons, éprouvent des difficultés à le faire. C'est ce que j'appelle l'épreuve du théorème de Pythagore du dimanche soir... Vous devez expliquer à votre enfant ce théorème au dernier moment alors que vous n'y êtes pas tout à fait disposé et que vous ne saviez pas, une demi-heure auparavant, qu'il vous faudrait avoir les idées claires sur cette épineuse question de géométrie euclidienne que vous avez un peu oubliée.

Voilà plus de cinquante ans que notre institution scolaire n'est pas claire sur ce sujet. Une circulaire du 29 décembre 1956 indique en effet qu'« aucun devoir écrit, soit obligatoire, soit facultatif, ne sera[it] demandé aux élèves hors de la classe ». L'on n'a eu de cesse de rappeler le texte, de rédiger de nouvelles circulaires répétant l'exigence du texte originel. Rien n'y a fait : les professeurs ont toujours légitimement senti qu'il était indispensable aux enfants de consolider les apprentissages par des leçons et des exercices à la maison. Sur cette question, il est temps de sortir de l'hypocrisie : il faut des devoirs, y compris au primaire. Mais on sait aussi que cela peut renforcer les inégalités. L'instauration de « Devoirs faits » lève l'ambiguïté. Tous les élèves qui le souhaitent peuvent rentrer chez eux « Devoirs faits ». Le soir ou durant la journée, plusieurs fois par semaine, les séances sont encadrées par des professeurs volontaires avec l'aide d'assistants d'éducation au collège, d'étudiants en service civique (on en compte 7 000 environ) dont les compétences sont avérées pour encadrer le dispositif, d'associations qui interviennent déjà sur ce champ et dont la qualité est reconnue *via* une labellisation par le ministère de l'Éducation nationale, de retraités et d'étudiants volontaires, de membres de la réserve citoyenne de l'Éducation nationale.

Bien sûr, « Devoirs faits » requiert une articulation au plus près des réalités de chaque territoire pour dépasser par exemple la question du transport scolaire : nous y travaillons avec les académies et les régions. Mais avec « Devoirs faits », la vie très concrète des élèves et des familles est changée.

Collège La Fontaine de Montlieu-la-Garde – Charente-Maritime – 16 mars 2018

Le petit collège de 250 élèves est situé au cœur de la campagne de Charente-Maritime. Je suis assis au milieu des professeurs dans le CDI. Le principal présente la manière dont l'établissement s'est saisi de « Devoirs faits ». « C'était une vraie nécessité pour nos élèves, ajoute une professeure d'espagnol, car certains d'entre eux n'arrivent pas à se mobiliser le soir pour faire leur travail. Le matin, ils prennent leur sac comme ils l'ont laissé la veille. » Le principal a donc mis en place 32 séquences de « Devoirs faits » par semaine grâce à 5 jeunes volontaires du service civique et à l'engagement des professeurs. Ces séquences sont réparties tout au long de la journée, notamment durant les heures de permanence des élèves. C'est un moyen de contourner la difficulté du ramassage scolaire.

Par groupes de cinq, ils sont accompagnés dans leur travail. Il s'agit autant de les aider dans leurs apprentissages que de donner du sens aux devoirs et de les motiver à les faire en leur redonnant confiance en eux. Le principal souligne les progrès très importants des élèves et surtout un changement d'attitude à l'égard de l'école car avec « Devoirs faits » ils comprennent que les professeurs sont là pour eux, pour les aider.

Avec ce collège assoupli, proposant un accompagnement renforcé, nous permettons à chaque élève de mieux construire ses compétences fondamentales, nous lui offrons la possibilité de consolider ses acquis, de diversifier ses enseignements : nous réalisons une meilleure personnalisation des parcours et donnons corps à l'exigence d'égalité des chances. Comme l'écrivait Gambetta, « toutes les fois qu'on néglige une intelligence, on vole le pays peut-être d'un trésor » : la confiance des élèves en l'école ne peut exister que si l'école leur assure l'instruction à laquelle ils ont droit. Ainsi mieux préparé au collège, chacun pourra rejoindre plus sereinement le lycée afin d'envisager progressivement son orientation.

CHAPITRE 4

Un lycée, tremplin vers l'avenir

Organisé sur trois années (seconde, première et terminale) conduisant à l'examen du baccalauréat, le lycée français propose trois voies : la voie professionnelle, la voie technologique et la voie générale. Ces deux dernières voies débutent par une seconde indifférenciée (générale et technologique) dite « de détermination » après laquelle les élèves procèdent à un choix d'orientation. Le lycée professionnel, quant à lui, peut constituer une entité autonome ou bien être associé aux lycées généraux et technologiques dans ce que l'on appelle un « lycée polyvalent ». Le lycée professionnel est en tête de mes priorités car de sa qualité dépendent en grande partie notre justice sociale et notre croissance économique alliée au plein emploi.

Le lycée doit répondre à deux enjeux primordiaux : parfaire la culture générale des jeunes et les préparer à l'enseignement supérieur ou à l'insertion professionnelle.

Or, aujourd'hui, le lycée ne joue plus suffisamment son rôle de tremplin vers l'avenir. À la fin de la seconde, le choix d'orientation des lycéens n'est pas toujours corrélé à un projet. Ainsi 52 % des élèves du lycée général sont en série S, qui, de fait, est devenue une série généraliste, alors que 40 % des bacheliers scientifiques affirment ne pas vouloir faire d'études scientifiques. Par ailleurs, le baccalauréat n'est plus, loin s'en faut, une garantie de succès dans le supérieur : les bacheliers sont souvent mal préparés aux études qu'ils envisagent. Les chiffres sont implacables sur ce point : 60 % des étudiants échouent à obtenir leur licence en trois ans. Si à cela on ajoute que 25 % des jeunes actifs de moins de 25 ans sont au chômage contre 6 % en Allemagne, la question de l'articulation entre le lycée et l'enseignement supérieur se pose.

C'est pourquoi, conformément aux engagements du président de la République durant la campagne, j'ai lancé deux réformes concomitantes : la réforme du lycée professionnel pour en faire une voie de réussite et d'excellence, et celle du baccalauréat technologique et général pour permettre aux élèves, en préparant le baccalauréat, de mieux réussir la suite de leur parcours. Cela suppose un accompagnement renforcé et un parcours construit qui soit un véritable tremplin vers l'avenir.

Parcoursup : réussir dans l'enseignement supérieur

À l'été 2017, plus de 60 000 jeunes se sont retrouvés sans proposition d'études supérieures. Surtout, cette situation a pris un tour dramatique parce que le gouvernement précédent a officialisé le système de tirage au sort pour accéder aux filières dites « en tension ». Ce principe, contraire aux valeurs de la méritocratie républicaine, a choqué les Français. À l'initiative de Frédérique Vidal, ministre de l'Enseignement supérieur, de la Recherche et de l'Innovation, et avec mon complet soutien, une nouvelle philosophie a été introduite : remettre de l'humain dans le processus d'orientation en accompagnant mieux les élèves dans la construction de leur parcours vers le supérieur. Pour ce faire, nous dépassons le clivage binaire entre sélection et non-sélection : tous les bacheliers peuvent accéder à une formation de l'enseignement supérieur avec un accompagnement tout au long de l'année de terminale et, si nécessaire, au cours de la première année de la licence. Le but est que chacun trouve sa place non pas aveuglément mais sur la base d'un processus qui explicite les attendus de l'établissement d'enseignement supérieur envisagé. Chaque élève de terminale aura une réponse par rapport à ses choix : le plus souvent un « oui », parfois un « non » pour les filières sélectives ou celles dites « en tension », ou un « oui, si », c'est-à-dire une acceptation qui s'accompagne d'une mise à niveau pour tenir compte de rattrapages nécessaires au regard du profil du candidat. Cette transformation est d'ampleur car elle concerne aussi bien l'enseignement supérieur que le lycée. Nous la menons avec les professeurs et les chefs d'établissement car ce sont eux qui connaissent le mieux les élèves, qui peuvent nouer avec eux un dialogue indispensable pour les guider, les faire réfléchir sur leurs projets, qui, au quotidien, peuvent les épauler, les informer, et tout simplement leur ouvrir des horizons auxquels ils ne pensent pas.

Beaucoup de professeurs de terminale me disent que les élèves, notamment des milieux défavorisés, se mettent des barrières dans leurs choix d'orientation, restreignant ainsi leurs ambitions. Face à ces phénomènes d'autocensure, notamment chez les filles, il est très important d'informer, de rassurer et d'encourager. C'est le sens d'une société démocratique, fluide, où l'ascension sociale n'est pas un vain mot. La réussite repose d'abord sur l'envie du lycéen qui est à la base de tout. Mais c'est la bonne information sur ce qui est « attendu » pour réussir dans la filière qui va lui permettre de concrétiser cette envie. L'intérêt de Parcoursup se situe précisément là. Les établissements d'enseignement supérieur objectivent ce qui était tacite jusqu'alors : les compétences nécessaires pour ne pas se trouver en échec un ou deux ans plus tard. Il s'agit de compétences larges : « disposer d'aptitudes à l'expression écrite ou orale », « savoir mobiliser des connaissances », qui peuvent être précisées en fonction des formations. Ces points de repère vont permettre aux lycéens et aux professeurs d'ajuster au plus près des envies, des compétences des futurs étudiants, leurs choix de formation.

C'est précisément pour soutenir ce parcours d'orientation qu'à l'automne 2017, dans toutes les classes de terminale de France, un second professeur principal a été désigné. Ensemble, ces deux professeurs principaux, qui sont rémunérés de la même manière, peuvent suivre avec plus de soin encore un petit groupe d'élèves. Les élèves ont besoin de temps, d'écoute, de soutien, d'échéances aussi, en deux mots, de liberté et de responsabilité, pour construire leurs projets. Quand les professeurs éprouvent des difficultés à répondre aux questions des élèves, ils leur proposent de rencontrer les professionnels de l'orientation. Les élèves ont également à leur disposition de nouveaux outils numériques, notamment un portail préparé par l'ONISEP pour qu'ils puissent approfondir leurs recherches[1]. Ils trouveront aussi un soutien humain par tchat, par courrier et par téléphone.

Trois mois après le lancement de cette mesure, les retours d'expérience sont très intéressants car cela a permis d'assurer une fluidité dans l'orientation. Les deux professeurs principaux ont joué un rôle important pour accompagner les élèves ; ils jouent aussi un rôle déterminant pendant les conseils de classe pour valider ou faire réfléchir les élèves sur leurs projets d'orientation.

Le but n'est pas d'empêcher les aspirations, bien au contraire : nous voulons faire du sur-mesure, passer d'une logique de flux à une logique individuelle et qualitative. Ce n'est qu'ainsi que nous pourrons réduire l'échec de trop nombreux étudiants en licence.

Pour l'avenir, il nous faut consolider encore ce qui a été engagé, resserrer les liens, développer les ponts entre les enseignements secondaire et supérieur, favoriser les visites d'élèves dans les universités, leur donner la possibilité d'assister à des cours, développer des MOOC qui permettent de bien comprendre les exigences propres aux différentes formations, favoriser l'intervention de professeurs du supérieur dans les lycées, de professionnels, d'acteurs comme les chambres de commerce ou les régions, dont le rôle en matière d'orientation peut être consolidé notamment parce qu'elles ont une vision précise des dynamiques en matière de compétences et d'emplois sur les territoires.

Mieux accompagner les élèves vers le supérieur

Pour mettre en œuvre un système pleinement cohérent, articulé et efficace, il est nécessaire de transformer le baccalauréat et, conséquemment, le lycée. Redonner au premier sa dimension certificative et son rôle de porte d'entrée vers l'enseignement supérieur ; faire du second le lieu des possibles et un tremplin vers l'avenir.

D'aucuns affirment que le baccalauréat doit être réservé à une minorité ; d'autres estiment qu'il devrait tout bonnement disparaître. Je ne partage pas leur point de vue : le baccalauréat est important ; il constitue un symbole républicain auquel nous sommes attachés. C'est un rite institutionnel avec tout ce que cela comporte de positif pour l'adhésion des jeunes à la société qu'ils constituent. Le baccalauréat doit donc perdurer, tout en reprenant tout son sens dans l'articulation entre le lycée et le supérieur. C'est pour répondre à ce défi qu'Emmanuel Macron a annoncé, durant sa campagne présidentielle, sa volonté de réformer le baccalauréat avec quatre épreuves terminales et l'instauration d'une part de contrôle continu. L'objectif est clair : transformer l'examen pour lui redonner tout son sens et réaffirmer sa double dimension, de couronnement d'études secondaires ancrées dans notre temps et de tremplin vers l'avenir. Une échéance a été fixée par le Premier ministre dans sa déclaration de politique générale : l'examen sera renouvelé à l'horizon 2021. Ce sont donc les élèves qui, en cette année scolaire 2017-2018, sont en classe de troisième qui passeront leur première session en 2021.

Des transformations nécessaires

En trente ans, le baccalauréat s'est diversifié, enrichi et démocratisé : la proportion de bacheliers dans notre pays est passée de 30 % à près de 90 % d'une classe d'âge. L'année dernière, 51 % ont réussi en bac général, 21 % en bac technologique et 28 % en bac professionnel. Nous pouvons nous réjouir de la réalisation de cet objectif quantitatif, qui a constitué une grande avancée ; malheureusement, elle est loin d'être aujourd'hui synonyme de réussite pour tous les bacheliers. Premier grade universitaire, le diplôme du baccalauréat court le risque de n'être plus qu'un simple certificat de fin d'études secondaires, sans aucun lien ni avec la préparation d'un projet d'avenir, ni avec les processus d'accès à l'enseignement supérieur. En outre, la hausse rapide des mentions (23 % des bacheliers généraux obtenaient une mention en 1997, 53,4 % en ont décroché une en 2017), notamment grâce au jeu des points d'option, fait peser un doute sur leur valeur. Ces divers constats expliquent le sentiment répandu de perte de sens du baccalauréat.

Un autre paramètre doit être pris en compte : l'organisation de l'examen est devenue excessivement lourde et complexe, mettant dans une extrême tension les établissements et les personnels, et entraînant chaque année des incidents regrettables. Songeons qu'à la session 2017, ce sont 2 900 sujets qui ont été élaborés, 4 millions de copies qui ont été corrigées en moins d'un mois.

Consulter

L'enjeu de la réforme du baccalauréat est considérable. Il est aussi symbolique tant cet examen suscite de réactions et de passions dans notre pays. Aussi ai-je voulu qu'une mission spécifiquement consacrée à cette question éclaire le débat, établisse un état des lieux et propose une palette de scénarios possibles. En novembre 2017, je demande à Pierre Mathiot, professeur de sciences politiques à l'IEP de Lille et reconnu pour son action en faveur de l'égalité des chances, de mener une large consultation sur le baccalauréat général et technologique.

Pendant près de trois mois, il a intensément consulté les organisations syndicales, les représentants des lycéens et des parents, les organisations disciplinaires, les académies. Il a également analysé les résultats d'une consultation en ligne à laquelle ont participé près de 40 000 lycéens. Il m'a remis ses propositions le 24 janvier, à l'occasion de la réunion du Conseil national de la vie lycéenne[2]. J'ai tenu à ce que cela se déroule devant les lycéens car c'était d'abord à eux que je voulais m'adresser. À partir des scénarios présentés et des propositions émises par Pierre Mathiot, une concertation a été menée avec les organisations syndicales pour déterminer les contours du baccalauréat 2021.

Cinq grands principes me semblent importants pour amener les élèves au plus haut de leur excellence et pour les soutenir dans leur chemin vers l'enseignement supérieur. Le premier principe recherché est la simplicité : le baccalauréat et le lycée doivent être lisibles pour les élèves et les familles. La meilleure répartition des épreuves permet de décongestionner les lycées qui, jusqu'alors, vivent au rythme trépidant et contraint du baccalauréat à partir du printemps à tel point que les élèves de seconde et de première n'ont plus cours dès début juin. Le deuxième principe est l'ambition : le baccalauréat est une clé pour mieux se préparer à l'enseignement supérieur. Il doit renouer avec une vraie exigence disciplinaire, notamment dans les matières que les élèves auront choisies. Troisième principe : puisque le baccalauréat a une double finalité – couronner la fin des études secondaires et ouvrir les portes de l'université –, il doit être un passeport vers la réussite, ce qui suppose d'accompagner, de soutenir les élèves dans leurs apprentissages tout au long du lycée comme dans la conception progressive de leur projet d'avenir. Quatrième principe : l'égalité, car le baccalauréat est un symbole républicain. Il doit donc être synonyme de méritocratie et d'égalité républicaine entre tous les élèves, partout sur le territoire. Cela suppose des modalités d'évaluation justes et équitables et un soutien constant pour les plus fragiles. Enfin, cinquième et dernier principe : le progrès. Le baccalauréat doit être en phase avec les grands défis de notre temps et intégrer notamment les grandes évolutions scientifiques et technologiques.

Cette concertation aboutit le 14 février à la présentation des options retenues pour le baccalauréat 2021.

Assemblée nationale – Réforme du baccalauréat – 14 février 2018

Les mercredis sont des journées intenses. Après la fin du Conseil des ministres suivent les questions d'actualité au gouvernement à l'Assemblée nationale et au Sénat. C'est un moment important de la vie parlementaire qui permet aux députés d'interroger le gouvernement sur la politique menée. Il faut répondre en un temps chronométré de deux minutes ce qui est exigeant mais permet de condenser ce que l'on a à dire. La députée Nadia Essayan (MODEM) m'interroge sur la réforme du baccalauréat. Voici ce que je lui réponds avec quatre mots-clés – efficacité, égalité, liberté, excellence : « L'un de ses premiers effets sera de décongestionner les mois de mai et de juin. Dès lors que quatre épreuves se dérouleront en contrôle terminal, dont deux passées au début du troisième trimestre et deux à la fin, c'est toute l'organisation du lycée qui s'en trouvera bouleversée. Les élèves de seconde et de première continueront de travailler jusqu'à fin juin, et les élèves de terminale presque autant.

Ce sera déjà un premier effet très concret pour notre système éducatif.

Par ailleurs, cette réforme garantira davantage l'égalité entre les élèves, en permettant de renforcer les possibilités au niveau de l'ensemble des lycées de notre pays. Surtout, elle permettra de faire évoluer l'accompagnement personnalisé. Plus de temps sera consacré à l'orientation.

Cette réforme va dans le sens de la liberté car les lycéens, en ayant plus de choix, auront plus de chances de réussir. Les disciplines de spécialité qu'ils éliront correspondront à des goûts, des passions, qu'ils pourront approfondir.

Ce sera un baccalauréat d'excellence. L'on se plaint aujourd'hui d'une certaine artificialité de cet examen. Nous voulons, par cette réforme, permettre d'approfondir les matières enseignées afin que les élèves les maîtrisent davantage.

C'est aussi le sens de la réforme des programmes. Nous engageons aujourd'hui, en effet, avec le Conseil supérieur des programmes, la révision des programmes du lycée. Dans les prochains mois, ils traduiront cette nouvelle volonté de qualité au service de la réussite de tous les élèves. »

Simplifier

Le nouveau baccalauréat comprendra une part de contrôle continu qui représentera 40 % de la note finale et des épreuves terminales pour 60 % de la note.

Il s'agit à la fois de simplifier l'organisation de l'examen et de garantir son caractère national. 10 % prennent en compte des bulletins dans l'ensemble des disciplines pour encourager la régularité du travail des élèves. 30 % sont réservés à des épreuves communes de contrôle continu organisées pendant les années de première et de terminale afin de valoriser le travail des lycéens. Ces épreuves de contrôle continu prendront la forme de devoirs sur table, sur le modèle des contrôles communs ou des « bacs blancs » actuels. Elles concernent les disciplines qui ne sont pas évaluées par les épreuves terminales. Leur organisation est souple car les établissements décident des modalités d'organisation (pas de « jours bloqués » ou de dates imposées au niveau national, mais des périodes cibles en première et en terminale). Les sujets proposés pour les épreuves communes seront issus d'une banque nationale d'épreuves, conçue par l'Éducation nationale, avec des barèmes nationaux. Afin de garantir l'équité entre tous les candidats, les copies sont anonymisées et corrigées par d'autres professeurs de l'établissement, comme cela se pratique déjà aujourd'hui pour les « bacs blancs ». Ces épreuves, au nombre de trois (deux en première, une en terminale), assurent une véritable reconnaissance du travail accompli. Ainsi, l'élève aura le temps d'analyser ses éventuelles difficultés, de progresser pour donner le meilleur de lui-même sans avoir l'impression de jouer son avenir sur une seule épreuve. Le baccalauréat 2021 n'est plus un examen couperet et ce point est fondamental pour des élèves qui ont le sentiment de tout jouer sur une semaine et d'autres qui, ayant fait le choix d'une filière sélective, ont le sentiment que tout est déjà joué car ils connaissent leur affectation avant de passer les épreuves du baccalauréat.

Cette nouvelle organisation s'appuie sur le savoir-faire actuel des proviseurs et des professeurs pour préparer les élèves au baccalauréat. Elle ne constitue donc pas une charge supplémentaire ou un facteur de désorganisation. Ces nouvelles modalités d'évaluation vont encourager la régularité du travail du lycéen en première et en terminale.

Pour ce qui est des épreuves terminales resserrées, elles comptent pour 60 % de la note avec quatre épreuves en terminale (deux de spécialité, une de philosophie, un grand oral) ainsi qu'une épreuve anticipée de français en première (écrit et oral). Ces épreuves sont organisées sur le modèle des épreuves actuelles du baccalauréat.

Avec cet équilibre entre contrôle continu et épreuves terminales, le baccalauréat 2021 prend mieux en compte le travail des lycéens et les accompagne davantage vers le supérieur. Si l'organisation actuelle encourage le bachotage de dernière minute à la veille des épreuves, les nouvelles modalités vont aider les lycéens à travailler avec régularité tout au long de leur parcours au lycée.

Le « grand oral »

L'évolution la plus marquée de ce baccalauréat est certainement le grand oral. Il doit permettre de travailler une compétence recherchée et pourtant peu, ou pas, évaluée jusqu'ici : la capacité à bien s'exprimer. Il sera constitué de deux temps. D'abord, une présentation par le candidat d'une durée de dix minutes, puis d'un entretien de même durée avec un jury composé de deux ou trois personnes. Certains craignent que cette épreuve orale soit « socialement discriminante ». L'intitulé même de « grand oral » pouvait apparaître comme anxiogène. Mais c'est précisément parce que l'oral doit être maîtrisé par tous que nous devons l'intégrer dans une épreuve importante et que l'engagement de l'Éducation nationale consiste à préparer chaque élève aux enseignements propres à cette nouvelle épreuve. Avec cet oral, qui appréciera notamment la structuration de la réflexion, la correction du propos, la distance critique, les connaissances acquises tout au long du lycée, notamment dans les disciplines de spécialité, nous renouons également avec un savoir-faire français : celui de la controverse et de la conversation. Il s'agit enfin et surtout de traduire « l'école de la confiance » dans les faits : nous devons donner à l'élève les moyens de s'exprimer qui passent par une confiance en soi nécessaire pour prendre la parole. Je relie cela, *mutatis mutandis*, à ce que nous faisons pour le chant. Sortir de soi pour aller vers les autres, c'est le sens implicite de ces mesures où l'on voit que les enjeux de connaissance finissent toujours par croiser des enjeux de valeur.

Un lycée qui accompagne les élèves dans la conception de leur projet

Cette transformation appelle une réorganisation des enseignements et des séries au lycée. Les séries de la voie technologique sont maintenues car elles ont été réformées récemment et il est important de les stabiliser. En revanche, les séries générales actuelles, dont la pertinence n'était plus avérée dans les choix d'orientation des élèves, ont été supprimées. Ainsi, nous voulons offrir plus de liberté et plus de passerelles aux élèves, plus d'accompagnement et plus de choix possibles. Nous voulons surtout que les élèves puissent davantage approfondir les disciplines qu'ils choisissent pour mieux réussir dans le supérieur.

Dès cette rentrée 2018, la classe de seconde va évoluer de manière certes limitée, mais ces changements donneront des indices de ce vers quoi nous tendons. En début d'année, un test de positionnement va permettre aux élèves d'identifier leurs acquis et leurs besoins pour maîtriser la langue française et les mathématiques. À partir de ce bilan, ils pourront bénéficier de consolidation en français et/ou en mathématiques. Un temps dédié sera par ailleurs consacré à l'orientation et à la conception par l'élève de son projet personnel. Ce temps consacré à l'orientation est une nouveauté qui permettra aux élèves de découvrir les métiers et les formations, notamment au cours de deux « semaines de l'orientation » organisées dans chaque lycée. À la fin de l'année, l'élève sera donc armé pour choisir ses trois enseignements de spécialité de 4 heures chacun en première.

Aujourd'hui, les élèves, séparés en séries, ne bénéficient pas d'un socle de connaissances communes alors qu'ils sont amenés à relever les mêmes défis dans leurs études supérieures et dans la vie professionnelle. Je pense à leur capacité à réfléchir, à bien s'exprimer à l'écrit, à l'oral, en français comme en langues étrangères, leur capacité à comprendre un monde toujours plus scientifique, à réfléchir à partir de textes littéraires ou philosophiques, à penser dans le temps (l'histoire) et dans l'espace (la géographie). À cela s'ajoutent l'enseignement moral et civique ainsi que l'activité sportive.

Dans l'organisation actuelle du lycée, les élèves de la série L bénéficient uniquement d'un enseignement de 1 h 30 de sciences en première. Le nouveau lycée général propose un enseignement scientifique de 2 heures pour tous les élèves du cycle terminal. Cet enseignement va permettre de transmettre les principaux concepts mathématiques et scientifiques essentiels de notre temps et de familiariser l'ensemble des élèves avec les processus de construction de la vérité scientifique, notamment le raisonnement hypothético-déductif et la méthode expérimentale. Il va habituer tous les élèves aux enjeux quantitatifs, notamment les statistiques ou encore les marges d'erreur. Cet enseignement va être également l'occasion d'appréhender dans une perspective scientifique les grands enjeux contemporains, notamment autant de la révolution numérique et de la transition écologique. Cet enseignement a naturellement vocation à être dispensé par les professeurs de sciences. Pour ce qui est des enseignements de spécialité, les élèves en choisiront trois de 4 heures chacun en première, puis deux de 6 heures en terminale, soit à chaque fois 12 heures hebdomadaires. Ainsi, d'année en année, ils vont pouvoir préciser le projet qu'ils souhaitent mener dans le supérieur. Pour compléter cette offre, les élèves peuvent choisir un enseignement optionnel de 3 heures en première puis un second en terminale. En terminale, les options leur permettent encore d'affiner leur profil avec notamment un cours de mathématiques expertes dont l'idée a été proposée par Cédric Villani et Charles Torossian, ainsi qu'un cours de mathématiques complémentaires pour ceux qui ne choisiraient pas de spécialité mathématique mais souhaiteraient compléter leurs enseignements, par exemple dans la perspective d'études dans le domaine de la santé. Dès lors, les élèves qui décideraient d'avoir un profil scientifique pourraient sur les deux années de première et de terminale avoir entre 28 et 31 heures de sciences, soit 2 heures de plus que dans l'organisation actuelle.

Cette offre de spécialités comprend une riche diversité d'enseignements : arts, histoire-géographie, géopolitique et sciences politiques, humanités, littérature et philosophie, sciences économiques et sociales, littérature, langues et cultures de l'Antiquité, langues, littératures et cultures étrangères, mathématiques, sciences de la vie et de la terre, physique-chimie, sciences de l'ingénieur et un nouvel enseignement : numérique et sciences informatiques. Le Conseil supérieur des programmes est actuellement en train de travailler pour donner toute leur dimension à ces enseignements. Il consulte les académies, les sociétés savantes. Il veille en particulier à associer des universitaires, des inspecteurs, des professeurs de lycée pour proposer des programmes de haute tenue, ambitieux sur le plan intellectuel et répondant aux besoins des lycéens d'aujourd'hui.

Ce nouveau baccalauréat, ce nouveau lycée, constituent un enjeu d'unité de la société française. Nous y avons œuvré avec conscience, en nous attachant à préserver les principes fondamentaux de notre société et de notre école : l'égalité, la liberté, le souci de l'excellence, l'inscription dans notre modernité. La préparation des élèves à la réussite a constitué notre seul critère de réflexion. À terme, je ne doute pas que les élèves trouveront dans ce nouvel examen, dans ce nouveau lycée, une possibilité d'exprimer leur talent et leur excellence, et de préparer ce qui les fera réussir par la suite.

L'enseignement professionnel : une voie essentielle pour l'insertion professionnelle

L'excellence est partout, notamment dans l'enseignement professionnel. Mais notre lycée professionnel est aujourd'hui un trésor caché ; or il peut donner le meilleur de lui-même dans les temps à venir. Ce n'est pas une vue de l'esprit : il existe déjà des lycées professionnels qui nous montrent la voie.

Visite du lycée professionnel Auguste-Perdonnet – Seine-et-Marne – 16 février 2018

En compagnie de Céline Calvez, députée des Hauts-de-Seine, et du chef étoilé Régis Marcon à qui j'ai confié une mission sur le lycée professionnel, j'ai le plaisir de visiter le lycée professionnel Auguste-Perdonnet, qui a connu des périodes difficiles[3]*. Grâce à la mobilisation de toute la communauté éducative, à un solide projet d'établissement, il est devenu un lieu où les élèves étudient en confiance. Nous visitons des ateliers de menuiserie et de métallerie équipés avec des machines professionnelles qui permettent aux élèves d'apprendre leur futur métier dans de bonnes conditions. Des filles et des garçons y travaillent et disent leur plaisir d'apprendre un métier et de bientôt pouvoir l'exercer dans le monde professionnel. Je suis heureux de les voir enthousiastes, bien dans leur peau. Certains savent déjà dans quel secteur, et parfois même dans quelle entreprise, ils vont travailler. D'autres envisagent de poursuivre en BTS après le baccalauréat. Leurs professeurs sont dédiés à leur réussite. Ils ont des projets de tous ordres qui ont en commun de stimuler le travail d'équipe.*

Avec 700 000 élèves, la formation en lycée professionnel participe à la transformation générale de l'insertion professionnelle. Les forces de notre lycée professionnel sont connues : des formations d'excellence qui portent les « savoir-faire » à la française et la complémentarité entre les enseignements professionnels et les enseignements généraux. Quand tous les ingrédients sont réunis, les connaissances pratiques et les savoirs théoriques, cela donne le meilleur de la créativité.

Pourtant, notre lycée professionnel connaît des difficultés. C'est par exemple dans cette voie que l'on compte le plus grand nombre de décrocheurs. Et ce, pour deux raisons.

La première de ces raisons tient au fait que cet enseignement souffre toujours d'une image dégradée dans notre pays, si attaché aux savoirs théoriques qu'il en oublie les autres compétences. Cessons d'opposer les formations et les intelligences : reconnaissons enfin la diversité des excellences, notamment celle de la main.

La seconde raison est que trop d'élèves se retrouvent dans ces formations sans les avoir vraiment choisies. Souvent, ils découvrent leur vocation en chemin mais, quand ce n'est pas le cas, ils peuvent être démotivés et décrocher.

Nous devons donc concevoir un enseignement professionnel dont l'attractivité sera telle que l'on y viendra, quel que soit son niveau au collège, parce que l'on est intéressé par un thème porteur, concret, une pédagogie active, et parce que le parcours ouvre des portes multiples sur l'avenir.

Développer les formations d'avenir

C'est parce qu'il peut être à la fois une voie d'avenir, de réussite et d'accomplissement que l'enseignement professionnel doit devenir une référence pour tous. Trop longtemps nous avons fait de l'enseignement professionnel sous statut scolaire ou par apprentissage une voie d'orientation par défaut. Les principaux de collège étaient ainsi invités à orienter de manière volontariste en seconde générale et technologique y compris des élèves qui avaient des appétences pour le travail manuel. Avoir d'année en année une part croissante d'élèves de troisième en voie générale était perçu comme un signe de progrès social. J'ose le dire, nous avons fait fausse route. En Suisse, 65 % des jeunes de 15 à 20 ans suivent une formation professionnelle en apprentissage avec de très belles réussites à la clé[4]. Dans un pays dont l'excellence des savoir-faire est mondialement connue, l'enseignement professionnel est synonyme d'excellence. En France, nous devons donc consolider l'enseignement professionnel, l'articuler mieux encore avec les défis économiques et sociaux de demain. C'est un levier pour renforcer l'attractivité du lycée professionnel et surtout changer les mentalités.

C'est déjà le sens de la réforme de l'apprentissage menée par Muriel Péricaud. L'objectif est d'augmenter le nombre d'apprentis dans les CFA (centres de formation d'apprentis) comme dans les lycées professionnels, par un lien plus direct avec les branches professionnelles. La France a ainsi, jusqu'à présent, beaucoup trop opposé l'apprentissage et l'enseignement professionnel. Leur complémentarité et leur nécessaire articulation semblent partout évidentes.

Sur ce sujet comme sur d'autres, le travail fluide, sans cloisonnement ni querelle de compétence, avec une collègue du gouvernement, en l'occurrence Muriel Péricaud, permet de faire avancer des dossiers dans le sens de l'intérêt général, celui de l'insertion réussie de nos jeunes.

Nous avons donc entamé une réflexion sur le lycée professionnel pour améliorer à la fois l'orientation en lien avec les régions appelées à jouer un rôle important en la matière et pour travailler sur la lisibilité de formations dont les appellations sont souvent héritées de pratiques professionnelles anciennes qui n'ont plus rien à voir avec celles d'aujourd'hui. C'est le cas par exemple de la chaudronnerie qui évoque le travail du métal au marteau alors qu'il s'agit surtout de faire fonctionner des machines très perfectionnées pour découper du métal dans le cadre d'industries de pointe. Il nous faut passer de l'image de « Cétautomatix » à celle d'Airbus. Cette réflexion portait aussi sur la carte des formations. Alors que la reprise économique est tangible, j'entends trop de professionnels qui soulignent les difficultés qu'ils rencontrent à recruter dans certaines spécialités. Le gâchis est considérable et absurde. Le plein emploi est à notre portée à la condition que nous modernisions notre système d'orientation et de formation. Il apparaît plus que jamais important de nous adapter aux différents profils des élèves en diversifiant nos formations et en faisant entrer plus largement l'apprentissage au lycée professionnel.

Un lycée professionnel tourné vers les métiers d'avenir et les excellences à la française

Pour conforter la légitimité et l'attractivité de cette voie, il nous faut être à la fois objectifs et créatifs.

La France a absolument besoin d'un lycée professionnel dynamique tourné vers les excellences à la française et vers les métiers d'avenir, d'un lycée proposant des formations consolidées autour de trois piliers : savoirs fondamentaux, savoir-être, compétences professionnelles. Les diplômes du lycée professionnel doivent être résolument orientés vers les gisements d'emplois, être conçus en fonction des besoins : la transition numérique, qui recouvre un spectre considérable de compétences et, partant, de métiers possibles ; la transition écologique, qui mobilise déjà des compétences essentielles dans notre vie collective, comme le bâtiment ou l'énergie ; les savoir-faire à la française qui font notre force ; l'entrepreneuriat enfin qui permettra à de nombreux élèves de se réaliser dans le cadre de l'artisanat ou des nouveaux grands domaines de l'industrie et des services. La voie professionnelle est un carrefour professionnalisant qui organise et articule ces filières, notamment apprentissage et voie professionnelle scolaire, du CAP jusqu'à la licence professionnelle. Elle favorisera ainsi l'élévation progressive du niveau d'ambition et de qualification et offrira aux élèves et étudiants des possibilités accrues de suivre leur cursus en alternance entre l'apprentissage et la formation sous statut scolaire.

Créer de grands campus professionnels

Pour rayonner dans nos territoires, cette voie professionnelle rénovée doit s'incarner dans des établissements à la pointe des secteurs les plus dynamiques, étroitement associés au tissu économique local et ouverts sur l'international par des partenariats et des échanges qui assurent la mobilité des professionnels, élément indispensable pour parfaire leur formation. Cette ambition va s'incarner dans des grands campus professionnels. Nous allons consolider ceux qui existent déjà en les développant selon des logiques de réseaux. Et nous allons soutenir les régions pour tous les projets nouveaux qu'elles voudront développer à la faveur de ce nouveau contexte. Nous pouvons rassembler dans un même espace l'enseignement professionnel scolaire, les centres de formation des apprentis, des antennes universitaires chaque fois que cela sera possible. Des liens avec les branches économiques locales seront renforcés. Des incubateurs d'entreprise pourront être créés et une série d'aménagements permettront de favoriser les apprentissages et l'épanouissement : internats, terrains de sport... Des exemples qui existent déjà doivent nous inspirer : ainsi, l'Aérocampus de Latresne, près de Bordeaux, constitue une magnifique réussite.

De véritables « Harvard professionnels » est l'expression que j'ai utilisée à plusieurs reprises pour bien signifier ce que nous visons : des campus très attractifs à la pointe de la recherche, offrant des formations du CAP au doctorat et une insertion professionnelle efficace et rapide. Ce seront des lieux où l'on pourra se former tout au long de la vie grâce à des établissements inscrits dans une dynamique continue d'innovation, notamment pédagogique. L'engagement des professeurs, l'innovation pédagogique sont déjà très présents dans les lycées professionnels, ce qui permet à une partie des élèves, qui n'ont pas trouvé exactement ce qu'ils souhaitaient dans les formes classiques d'enseignement proposées au collège, de s'épanouir dans des formes parfois plus collectives, parfois plus entrepreneuriales, en tout cas plus participatives.

Nous ne sommes pas seuls pour relever ce défi, qui constitue une véritable révolution dans notre système éducatif. Nous allons procéder par de nouvelles expérimentations, par de nouvelles approches, dans une relation de coopération complète avec les régions, afin de créer une nouvelle attractivité qui sera notre meilleure arme pour lutter contre le décrochage. L'enjeu est de proposer un enseignement professionnel qui permettra à nos élèves de tirer pleinement parti des opportunités offertes par les grandes transformations économiques et sociales du XXIe siècle.

Prendre la mesure de la révolution numérique

Nous entrons dans une nouvelle ère caractérisée par l'impact des technologies sur nos sociétés et nos vies. Les enjeux de la révolution numérique et de la transition écologique ne sauraient être sous-estimés dans l'évolution de notre système éducatif. Les élèves ne doivent donc pas seulement bien maîtriser les usages informatiques, ils doivent aussi en comprendre les fonctionnements et les enjeux. Les progrès de l'intelligence artificielle vont nous amener à concevoir de nouvelles complémentarités entre l'homme et la machine. La maîtrise des flux et du stock de données doit nous permettre de personnaliser de bien meilleure façon le parcours et l'orientation des élèves, tout en veillant à la souveraineté numérique de notre système vis-à-vis des grands opérateurs.

D'autres révolutions, comme la 3D, auront des conséquences pédagogiques importantes. D'ores et déjà, nous positionnons nos opérateurs, le CNED (Centre national d'enseignement à distance), Canopé, l'ESEN (École supérieure de l'Éducation nationale), pour être à la pointe des évolutions qui se dessinent. En mai de cette année, je vais inaugurer un « Lab » rue de Grenelle qui sera, entre autres choses, un démonstrateur des EdTech françaises. Il permettra de travailler différemment, sera un lieu de rencontres entre les membres du ministère et constituera un puissant facteur d'efficacité pour toutes les transformations que nous menons.

Il est la pointe avancée d'une politique de modernisation qui vise à accompagner nos élèves vers l'univers technologique, qui est déjà le leur, en désinfantilisant leurs perceptions et leurs usages des outils numériques. L'introduction d'un enseignement de spécialité « numérique et sciences informatiques » dans le nouveau cursus du lycée est emblématique de cette évolution. De même, l'apprentissage du code dès l'école primaire fait partie de ces objectifs de maîtrise qui renvoient à l'enjeu de développement du sens logique et des vocations scientifiques si importantes pour notre pays. Avoir donné à l'élève, tout au long de son parcours, une culture et une logique au service de valeurs dont il sera un acteur tout au long de sa vie, tel est le sens de l'école de la confiance.

SECONDE PARTIE

FAIRE CONFIANCE AUX ACTEURS DE L'ÉCOLE

Le ministère de l'Éducation nationale est le ministère de l'humain, de l'esprit, de l'idéal. Toute notre richesse est faite de femmes et d'hommes qui travaillent pour la plus belle des causes : l'accomplissement de nos enfants. Beaucoup d'organisations ont besoin de longs séminaires pour trouver le sens et les modalités de leur action. L'Éducation nationale a la chance d'être une institution dont la finalité de l'action coule de source : l'émancipation des élèves par les savoirs et les valeurs.

C'est pourquoi l'expression « communauté éducative » est si pertinente. Dans chaque école et dans chaque établissement, la communauté éducative rassemble les élèves et tous ceux qui participent à l'accomplissement de ses missions. Elle réunit les personnels de l'école (les professeurs, les chefs d'établissement), les corps d'inspection, les personnels qui prennent soin du secrétariat, de la propreté et de la sécurité des bâtiments, de la cantine, les parents d'élèves, les collectivités territoriales (communes pour les écoles, conseils départementaux pour les collèges, conseils régionaux pour les lycées) ainsi que les acteurs institutionnels, économiques et sociaux associés au service public d'éducation.

L'école est au cœur de la cité. Il lui revient donc d'encourager l'intelligence collective pour le bien des élèves et le progrès de la société. Ce cercle vertueux de la confiance, ne croyons pas qu'il se joue en dehors de nous. Il ne naîtra pas d'un décret, ne relève pas d'une quelconque pensée magique : il dépend de nos actes quotidiens, des relations que nous tissons.

Il relève également d'un changement d'optique sur la politique éducative. Selon une logique centralisatrice, on a trop longtemps considéré que la réussite de notre système scolaire relevait de décisions ministérielles à l'exclusion de toute marge de manœuvre locale. La rue de Grenelle, siège du ministère de l'Éducation nationale, décidait et toute la ligne hiérarchique, des directions jusqu'aux établissements, devait adopter, sans ciller ni envisager quelque adaptation que ce soit, ce qui était défini au ministère. Je n'affirme évidemment pas que tout cadrage national doit disparaître, loin de là. Une politique éducative est l'expression de la volonté de la Nation et, à ce titre, doit être écoutée et suivie dans ses directives, formulées dans des lois, des décrets, des arrêtés, des circulaires. Pour autant, le concept de subsidiarité est essentiel en matière d'éducation et doit nous permettre de définir ce qui correspond à des choix locaux et ce qui relève du cadrage national au vu du principe d'égalité.

Des études internationales[1] ont démontré que les systèmes éducatifs dont les résultats sont décevants gagnent à centraliser leur action en concentrant leurs efforts sur l'apprentissage de la langue et des mathématiques. En revanche, ceux qui sont déjà avancés, dont les performances peuvent être considérées comme bonnes (relativement à une moyenne mondiale), confient davantage d'autonomie aux responsables, pour renforcer les pratiques pédagogiques adaptées, notamment l'accompagnement et le tutorat des élèves ainsi que le développement du travail collaboratif.

Comme pour de nombreux sujets en matière éducative, il est nécessaire de dégager une troisième voie, la voie française, qui conjugue l'action de l'État, gage d'égalité et d'ambition collective, avec le pragmatisme des acteurs de terrain, gage de liberté, le tout au service de la fraternité.

On en revient donc à ce terme d'*autonomie* qui mérite d'être clarifié car il peut être trompeur ou du moins caricaturé par une torsion de son sens. L'étymologie grecque, *auto-nomos*, laisserait entendre que chacun fixe sa propre loi. Mais l'autonomie, ce n'est pas cela. Il s'agit bien plutôt, dans un cadre national, de permettre aux professeurs et aux équipes pédagogiques d'apporter les meilleures réponses possibles pour satisfaire les besoins de chaque enfant. L'autonomie consiste tout simplement à se demander en responsabilité ce qui est favorable aux apprentissages des élèves que l'on accueille et à apporter des réponses à leurs aspirations et à leurs difficultés : diagnostiquer, donc, agir, puis évaluer selon des méthodes rigoureuses les effets de la politique suivie. Pour cela, le cadre national est indispensable.

De cette tension nécessaire entre autonomie et cadrage national, nous pouvons faire le meilleur usage pour faire progresser les élèves. Le paradigme de la confiance va nous y aider car c'est la clé pour installer un climat serein de travail collectif à toutes les échelles de notre ministère : dans l'administration centrale, au niveau des rectorats et des départements, dans chaque école et établissement et, bien sûr, dans chaque classe qui fait figure de petite République. Je fais donc de l'autonomie la conséquence institutionnelle de l'esprit de confiance et un levier éducatif au service de la lutte contre l'échec scolaire, contre les inégalités sociales et, plus largement, au service de la réussite de tous les élèves sur tous les territoires de la République.

Récemment encore, l'OCDE, analysant les évaluations PISA publiées en 2013 et 2015, affirmait que « les résultats du Programme international de l'OCDE pour le suivi des acquis des élèves (PISA) suggèrent l'existence d'une corrélation entre, d'une part, l'adoption d'une combinaison intelligente d'autonomie et de responsabilisation, et, d'autre part, l'amélioration des résultats scolaires[2] ».

Pour mener tous les élèves au meilleur d'eux-mêmes, pour hisser la France au plus haut niveau, il ne faut pas vivre dans le mythe de l'uniformisation car force est de constater que l'uniformité n'a pas permis de créer une école plus égalitaire, de réduire la proportion de 20 % d'élèves qui arrivent au collège sans savoir bien lire, bien écrire ou bien compter, précisément parce qu'elle ne tient pas compte de la diversité des élèves et des territoires.

Il faut donc procéder autrement pour faire à nouveau de l'école française une référence mondiale en matière éducative et pour assurer à chaque élève épanouissement et réussite. C'est ce que j'appelle « l'école de la confiance », fondée sur la liberté et la responsabilité, qui articule, de manière souple et adaptée à la variété des situations, le cadre national, l'autonomie et la liberté. Contre le faux-semblant d'une uniformisation qu'on a dépeinte comme le gage de la réussite scolaire, je suis convaincu que plus de liberté conduira à plus d'égalité. La condition est un discours de la responsabilité qui incite chacun à prendre des initiatives et à être force de propositions. Mon rôle consiste à soutenir ces initiatives et à m'assurer qu'elles répondent bien aux objectifs fixés nationalement, en garantissant un soutien renforcé aux établissements qui se trouvent dans les territoires les plus fragiles, urbains comme ruraux.

CHAPITRE 5

Faire confiance aux professeurs et à tous les personnels

Je dis souvent que je suis le ministre des professeurs. Cela signifie dans mon esprit qu'il n'existe pas de plus beau métier, de plus indispensable pour une civilisation qui doit se perpétuer. Le cœur de l'Éducation nationale réside dans la qualité de la transmission des savoirs et des valeurs entre le professeur et ses élèves. L'ensemble de l'Éducation nationale doit être organisé en vue de faciliter et de rendre opératoire l'acte pédagogique, qui est l'acte fondamental.

Il est donc indispensable de réussir cette République des professeurs, non par un quelconque effet nostalgique de ce qu'a été la IIIe République, mais tout simplement parce que, dans le monde de demain, la transmission des savoirs sera l'enjeu majeur. Le rebond français se joue d'abord à l'école.

Réaffirmer l'importance de la transmission

Le professeur est un passeur de feu ; il est celui qui donne du savoir, le goût du savoir, et beaucoup de lui-même. Un bon professeur a la passion de ce qu'il transmet et de la manière dont il le transmet. C'est toute la particularité de ce métier que d'être impliqué dans la connaissance et d'avoir l'humilité d'être un relais.

Comme l'écrit Marcel Gauchet, « apprendre, en dernier ressort, symboliquement parlant, c'est toujours apprendre de quelqu'un pour transmettre à quelqu'un[1] ».

Nous devons redonner toute son importance et son autorité au savoir. Dans les débats sur notre école, on entend bien souvent des disputes sur les missions et les pratiques des professeurs. La première force, la première autorité des enseignants est leur savoir, un savoir approfondi et maîtrisé qui leur permet de proposer un regard sur le monde, un savoir qui peut s'ouvrir sur les autres champs disciplinaires, afin de montrer aux élèves que tout fait sens, un savoir en évolution, tant dans ses outils que dans ses domaines et ses modalités.

Bien des professeurs que je rencontre travaillent en équipe dans le cadre d'un projet d'établissement à la définition duquel ils ont contribué. Très souvent, ils mènent avec plusieurs de leurs collègues des projets pédagogiques très riches et ambitieux. En discutant avec eux, on comprend très vite qu'ils disposent d'une connaissance précise du profil de leurs élèves et développent des stratégies pour répondre au mieux, et en synergie, à leurs besoins.

Tous ces aspects, toutes ces missions et compétences, ne réduisent pas la force et l'importance du savoir. Bien au contraire, ils permettent au professeur de transmettre son savoir à ses élèves dans les meilleures conditions.

Renforcer la formation initiale des professeurs

C'est parce que je suis conscient que la transmission des savoirs est plus que jamais fondamentale et que les savoirs doivent continuellement être réinterrogés et actualisés que nous travaillons au renforcement de la formation de nos professeurs. La formation initiale est en effet la clé de la transformation de notre école.

La *masterisation* (c'est-à-dire l'élévation au début des années 2010 du niveau de recrutement des professeurs des écoles comme du secondaire à bac+5) n'a pas eu tous les effets escomptés, notamment dans les liens entre la recherche et l'enseignement. Ces liens sont fondamentaux car la recherche se nourrit de l'enseignement et l'enseignement se nourrit de la recherche. On devrait donc trouver dans toutes les écoles supérieures du professorat et de l'éducation (ESPE) de France, des projets conçus et coordonnés par des équipes constituées des meilleurs chercheurs des départements universitaires et les professeurs « de terrain » les plus expérimentés. Pour construire les compétences des professeurs, nous devons nous inspirer de ce qui se fait de mieux ; je pense notamment à la médecine, dont le modèle de formation se fonde à la fois sur l'excellence scientifique et sur un exercice progressif et continu de praticien.

Un premier bilan des ESPE s'impose d'autant plus qu'elles se caractérisent par la diversité de leurs projets pédagogiques. À l'aune des retours d'expérience qui nous parviennent et des priorités données à la maîtrise des savoirs fondamentaux, des ajustements des formations sont inévitables. Ce constat est partagé avec Frédérique

Vidal, ma collègue en charge de l'enseignement supérieur. Cela passe par une évolution des maquettes de formation et de la manière dont les étudiants entrent dans le métier de professeur.

Prérecruter pour mieux former

Chaque année 150 000 étudiants s'inscrivent aux concours de recrutement du ministère de l'Éducation nationale. Cependant un tiers seulement des inscrits se présentent aux épreuves. Pour certaines disciplines, l'infructuosité des concours est historiquement haute (1 poste offert sur 4 au CAPES n'a pas été pourvu en 2014 ; en 2015 et 2016, il s'agissait d'1 poste sur 6) nous empêchant de pourvoir tous les postes, créant ainsi des manques sur le territoire. Cette question est d'une importance considérable car elle relève à la fois de l'égal déploiement de l'offre éducative sur le territoire et de l'image de la profession enseignante dans notre pays. En ce domaine, il nous faut être créatifs. Le ministère s'est d'ores et déjà engagé sur cette voie, notamment par le dispositif récemment créé des « étudiants apprentis professeurs », avec une forme de « prérecrutement » en deuxième ou troisième année de licence. Avec 950 postes, la dimension de l'initiative est à ce stade très réduite en 2016-2017. Nous allons développer cette logique et en faire un levier. C'est un investissement important pour l'Éducation nationale qui a un double intérêt.

Le premier concerne le calendrier de la formation initiale, aujourd'hui très contraint. À la différence des autres grands pays développés, notre pays professionnalise ses futurs professeurs assez tardivement, après la licence. Débuter la professionnalisation plus en amont permettrait aux étudiants de se familiariser davantage avec le métier de professeur avant de le choisir. Par ailleurs, le prérecrutement permet de consacrer plus de temps à la formation pratique alors qu'aujourd'hui elle est obérée par l'année de préparation au concours, qui a cependant tout son intérêt pour la formation intellectuelle des candidats. Le système qui existait autrefois sous le nom d'IPES (Institut de préparation aux enseignements de second degré) et qui permettait d'accompagner une vocation professorale dès le début de l'enseignement supérieur avait bien des vertus. Nous devons retrouver l'esprit qui présidait à ce dispositif.

Le second intérêt touche à la relance de notre ascenseur social. L'une des conséquences indirectes de la *masterisation* a en effet été d'accentuer la difficulté pour les étudiants issus de catégories socioprofessionnelles défavorisées de se présenter à un concours recrutant à bac+5.

Nous pouvons remédier à cette situation en suscitant des vocations notamment chez les étudiants issus de milieux modestes. Le métier de professeur est un métier de passion. Or, parmi les personnels qui travaillent dans nos établissements, certains, sans l'exercer encore, éprouvent de l'intérêt pour ce métier. Je pense notamment aux assistants d'éducation qui travaillent quotidiennement auprès des élèves, qui les accompagnent lors des études ou de « Devoirs faits ». Ils acquièrent par là une expérience qui se rapproche de l'enseignement et qui peut éveiller chez eux le goût d'enseigner. Nous pouvons les aider à accomplir leur aspiration en facilitant leurs conditions d'apprentissage, notamment par l'allocation de bourses spécifiques.

Les formations actuelles en licence spécialisent les étudiants sur une discipline bien précise. Ce n'est qu'à la fin de leur troisième année de licence, quand ils intègrent un master MEEF (métiers de l'enseignement, de l'éducation et de la formation), qu'ils retrouvent un enseignement généraliste, si indispensable pour un professeur des écoles. Pour répondre à ce défi, les universités ont développé des licences pluridisciplinaires. C'est clairement une formation adaptée à ceux qui se destinent au métier de professeur des écoles tant ils ont besoin d'une culture large au regard de la diversité des connaissances qu'ils doivent transmettre. Avec les universités, nous commençons donc un dialogue qui nous permettra de flécher plus explicitement ces licences pour les élèves qui se destinent aux métiers du professorat. La future réforme de la formation des professeurs devra donc permettre de :

1. prérecruter davantage pour élargir le vivier des futurs professeurs et bien les accompagner dans l'affirmation de leur vocation ;
2. améliorer la formation en s'assurant qu'elle puise au meilleur de la recherche de niveau international et qu'elle est réalisée majoritairement par des professeurs qui sont encore devant des élèves ;
3. distinguer le parcours des professeurs des écoles et celui des professeurs du second degré ;
4. renforcer la logique d'alternance tout au long du parcours ;
5. positionner le concours au bon moment de ce parcours.

Développer la formation continue

Parce qu'ils sont des intellectuels formés à haut niveau, les professeurs savent bien que les savoirs qu'ils transmettent ne sont pas figés et qu'ils évoluent avec les progrès scientifiques. La formation continue est donc indispensable. Les études internationales le signalent très clairement : la formation tout au long de la vie professionnelle constitue le levier principal de progrès des systèmes éducatifs avancés. Il nous faut examiner notre situation en parfaite objectivité et force est de constater que nous devons considérablement progresser[2]. Les plans nationaux et académiques de formation proposent déjà aux professeurs de suivre des heures dédiées à la pédagogie ou aux renforcements des compétences disciplinaires. Il s'agit maintenant de mieux articuler ces sessions de formation aux grands enjeux auxquels notre système scolaire doit répondre. La responsabilité de l'Éducation est en effet de permettre aux professeurs de garder le contact avec la recherche, avec les progrès des disciplines qu'ils enseignent, avec les évolutions de la didactique et enfin d'accompagner les professeurs dans les réalités qu'ils rencontrent dans leur salle de classe.

En outre, il est fondamental de porter une attention toute particulière aux jeunes professeurs. En effet, professer est une tâche difficile et il n'est pas possible de considérer que la formation s'arrête après l'obtention du master, la réussite au concours de recrutement et l'année de stage. Les deux ou trois premières années d'exercice sont décisives et un accompagnement pédagogique et disciplinaire renforcé est nécessaire pour permettre aux jeunes professeurs d'entrer dans le métier de façon plus sereine et donc plus assurée.

Ces enjeux concernent particulièrement le premier degré, priorité absolue de notre politique éducative. En effet, la plupart des lauréats du concours de recrutement de professeurs des écoles (CRPE) ont suivi une formation universitaire majoritairement littéraire. Dès lors, leurs connaissances scientifiques datent parfois de leur expérience personnelle du lycée et ont besoin d'être renforcées dans les premières années d'exercice[3]. En outre, la formation continue des professeurs des écoles s'est progressivement réduite ces dernières années, atteignant en 2014-2015 à peine deux journées en moyenne, hors animation pédagogique, alors que trois journées de formation sont proposées. Un rapport de l'Inspection générale publié en juin 2014 souligne que c'est principalement le résultat d'une insatisfaction des professeurs devant des formations jugées trop éloignées de leurs besoins concrets. Dans le même temps, le rapport relève la forte demande de formation de la part des professeurs[4].

Il nous faut tenir compte de cette réalité décevante. En décembre 2017, j'ai donc demandé aux inspecteurs de l'Éducation nationale de repérer, au cours de leurs visites dans les classes, les compétences pédagogiques pour lesquelles les professeurs ont besoin d'un accompagnement, et de construire ensuite les plans de formation continue à partir des constats du terrain et en articulation avec les politiques nationales. Il importe également d'associer systématiquement à ces formations les conseillers pédagogiques qui se rendent dans les classes et qui épaulent l'inspecteur, afin que le suivi des formations puisse être assuré dans les meilleures conditions. À tous les professeurs des écoles nous avons rappelé la nécessité de suivre la totalité des 18 heures annuelles de formation prévues dans leur service. En cohérence avec la priorité donnée à la maîtrise des savoirs fondamentaux, il a été décidé que 9 heures seraient consacrées au français et 9 heures aux mathématiques.

Ces heures de formation permettent aussi de sensibiliser les professeurs aux approches scientifiques de la pédagogie qu'il est nécessaire d'engager pour la réussite des élèves. Cela passe notamment par la réflexion conjointe des inspecteurs et des professeurs sur des points essentiels du renouveau pédagogique que nous voulons instituer, comme l'apport des sciences cognitives à la compréhension des mécanismes d'acquisition de la lecture, la construction de la conscience phonologique et les exercices qui en découlent, la question de l'apprentissage de la lecture, avec une attention particulière portée au rythme d'acquisition et à la lecture à voix haute, la place de l'écriture dans les apprentissages du CP et la culture de l'évaluation qui permet de s'assurer qu'aucun élève ne décroche.

Pour nourrir ces formations, un état de la recherche sur l'apprentissage de la lecture et de l'écriture au CP a été rédigé avec le soutien du conseil scientifique de l'Éducation nationale afin de mettre à la disposition de tous les connaissances les plus récentes sur ce sujet. Ce document avance également des pistes concrètes permettant aux professeurs de construire une pédagogie explicite, structurée et progressive.

Pour ce qui concerne le second degré, nous infléchissons la formation continue en fonction de l'évolution des programmes et des démarches. Je souhaite par ailleurs que nous puissions davantage mettre à profit la richesse intellectuelle de personnels aux parcours divers et aux compétences multiples. Songeons notamment que nous sommes l'un des pays qui comptent le plus de docteurs parmi les professeurs du second degré. Or, bien souvent, ces richesses ne sont pas ou que peu mises au service des professeurs qui pourraient en tirer le plus grand profit afin d'enrichir leurs enseignements.

Ce renforcement de la formation initiale et continue est un travail de long terme qui donnera des résultats sur plusieurs années. Le renforcement de la formation contribue aussi à l'approfondissement des projets pédagogiques des écoles et des établissements. À ce double titre, il importe que leur conception soit l'affaire de tous car tous sont concernés par l'objectif primordial de réussite des élèves et, partant, d'organiser en synergie les dispositifs et les enseignements.

Les professeurs au cœur des écoles et des établissements

Une telle démarche suppose beaucoup d'investissement de la part des chefs d'établissement, qui doivent être pleinement confortés dans leur rôle pédagogique ; or, comme l'a signalé France Stratégie, en France, « un tiers des chefs d'établissement déclarent ne pas avoir suivi de formation à l'encadrement pédagogique, et seuls 8 % indiquent assister fréquemment aux cours des enseignants, contre la moitié (49 %) en moyenne dans les pays de l'OCDE[5] ». Il est pourtant fondamental que chaque établissement puisse développer une offre éducative spécifique, susceptible de renforcer son attractivité et de répondre aux besoins de ses élèves. Cela concerne notamment les enseignements facultatifs, les classes bilangues, les sections européennes, les classes à horaires aménagés et, plus largement, tous les projets que les dynamiques collectives permettent de faire émerger.

On sait en effet que certains territoires ne sont pas attractifs pour les professeurs, que des établissements, notamment ceux inscrits en réseaux d'éducation prioritaire, trouvent peu de candidats alors même que, bien souvent, les équipes de ces établissements sont extrêmement soudées et conçoivent des projets stimulants et très utiles pour la réussite des élèves. En effet, la première condition de réussite pour ces établissements est de s'appuyer sur une équipe stable et engagée. À cette fin, nous travaillons en ce moment à la fois sur davantage de profilage des postes et une plus juste récompense de cet engagement notamment par une prime spécifique pour les personnels exerçant en réseau d'éducation prioritaire renforcée (dite « REP+ ») d'ici la fin du quinquennat.

C'est un engagement présidentiel qui doit nous servir de levier pour l'amélioration de la rémunération des professeurs mais aussi pour l'évolution des politiques d'éducation prioritaire.

Une gestion des ressources humaines plus proche des personnels

Il est très important d'entretenir l'implication et le désir des professeurs de s'investir encore davantage auprès de leurs élèves. Pour ce faire, il est indispensable de les soutenir dans l'exercice de leur métier et donc d'œuvrer à une gestion des ressources humaines plus proche de leurs besoins et de leurs aspirations. Notre politique en la matière a eu de grands mérites car elle a installé un réseau d'écoles partout sur le territoire et a su réaliser la massification dans l'enseignement secondaire. Cela relève de la mécanique de précision. Bien sûr, certains remplacements tardifs d'un professeur absent sont insupportables pour les familles et nous devons progresser encore dans ce domaine. Cependant, il faut garder à l'esprit que, jour après jour, 850 000 professeurs enseignent à 12 millions d'élèves sur tous les territoires de la République. C'est un défi chaque jour renouvelé et à ce titre il faut saluer les services administratifs, notamment dans les rectorats, qui permettent cette prouesse. Je le fais d'autant plus volontiers que leur professionnalisme n'est pas toujours reconnu.

Nous devons écrire une nouvelle page de notre histoire en mettant beaucoup plus de souplesse, d'agilité dans notre accompagnement des personnels[6]. Dans cet esprit, nous devons mieux reconnaître le mérite de nos professeurs. C'est d'ailleurs une approche globale que promeut pour la fonction publique le gouvernement auquel j'appartiens.

Nous devons développer une gestion des ressources humaines au plus près du terrain. C'est ce que j'appelle la « GRH de proximité ». Les visites de classes par les inspecteurs sont ainsi l'occasion de distinguer les professeurs les plus innovants et les plus dynamiques. Elles sont aussi l'occasion de leur proposer des missions complémentaires, des formations, du tutorat ou des évolutions de carrière. Notre institution doit en effet faciliter les parcours de ses personnels désireux de découvrir d'autres missions ou fonctions. Il est très important que les compétences professionnelles acquises au sein de notre institution puissent être corrélées avec celles attendues dans d'autres périmètres ministériels : cela vaudrait aussi bien pour les professeurs que pour les personnels d'encadrement ou les personnels administratifs, infirmiers scolaires…

Nous commençons ainsi dès cette année des expérimentations de « GRH de proximité » en Normandie et en Haute-Garonne notamment, pour assurer un suivi personnalisé de la carrière des professeurs. Mon but est simple : que chaque professeur se sente un acteur plein et entier soutenu dans son action, reconnu dans ses mérites et évoluant en fonction de choix qui lui permettent, par son épanouissement, de toujours mieux servir l'intérêt général.

Les cadres en soutien des professeurs

Lors de mes échanges avec eux, j'ai abordé cette évolution fondamentale de leur métier et, plus largement, la nécessaire inflexion des finalités et des pratiques de nos personnels d'encadrement, que ce soient des chefs d'établissement ou des inspecteurs. L'intelligence collective étant le ressort du progrès, la fonction de cadre consiste à faire confiance, à déléguer et à encourager les initiatives en s'intéressant moins aux processus qu'aux résultats obtenus. Il revient aux cadres de donner le sens de l'action en communiquant et en assurant le suivi des décisions. En fait, il s'agit moins de diriger que d'accompagner. L'optimisme est un puissant ciment pour fédérer les équipes. Non pas un optimisme béat, mais un optimisme qui nous conduit à espérer dans les possibilités d'accomplissement de tout élève ; c'est l'esprit même de notre humanisme.

Cette exigence à l'égard des chefs d'établissement est à la hauteur de la considération que j'accorde à leurs missions et à celles des inspecteurs. Ils sont des relais indispensables à une relation fructueuse entre la politique éducative nationale, les choix académiques et l'autonomie locale. Or, on ne dirige plus une équipe pédagogique aujourd'hui comme on la dirigeait voilà encore quelques années.

L'enjeu est particulièrement crucial dans le premier degré. Comme j'ai eu l'occasion de le dire explicitement aux inspecteurs de l'Éducation nationale, ils doivent reprendre en main le pilotage pédagogique de leurs circonscriptions. Dans le même sens, j'ai demandé aux recteurs de faire en sorte que la gestion des tâches administratives n'éloigne pas les inspecteurs du cœur de leur métier : leur présence dans les classes. Être au minimum tous les deux jours dans une école de leur circonscription leur permet d'épauler les professeurs et de répondre aux multiples questions sur les conditions du dialogue qu'il s'agit d'entretenir avec les parents, sur l'accompagnement des élèves à profil particulier, sur l'inclusion des enfants en situation de handicap, qui constitue une priorité. Ces visites doivent inclure l'observation des pratiques des professeurs. 90 à 100 visites annuelles permettent aux inspecteurs de voir tous les professeurs de leur circonscription une fois tous les trois ans, ce qui est un objectif parfois ambitieux mais indispensable si l'on veut donner de la cohérence et de la tonicité à nos approches pédagogiques. Il ne s'agit pas de leur asséner des vérités mais de saluer leur engagement, de partager leurs difficultés et, en prenant en compte le contexte local, de leur proposer des moyens de les dépasser. Ainsi se concrétisent la confiance et la responsabilisation, qui sont des moteurs de la reconnaissance et, partant, de l'implication.

Les inspecteurs du second degré, dont les missions se sont développées ces dernières années, doivent demeurer des experts pédagogiques de leur discipline tout en continuant à travailler sur des dossiers transversaux. Ils doivent être aussi souvent que possible aux côtés des professeurs, les accompagner de leurs conseils et recommandations. Avec la montée en puissance d'établissements au projet pédagogique affirmé, il paraît indispensable de repenser leur rôle.

Dans les pays de l'OCDE, l'établissement est la plupart du temps considéré comme l'échelle pertinente pour mener des inspections ; et c'est une bonne chose. En France, la classe et la pratique pédagogique des enseignants ont longtemps constitué l'échelle pertinente ; et c'est une bonne chose également, car c'est dans l'acte pédagogique que tout se joue. Inventer un nouveau modèle d'inspection nous incite à dépasser ce clivage en élaborant un cadre d'inspection qui évalue le cœur de l'action éducative : l'acte d'enseigner dans son environnement collectif, l'établissement. Ce juste équilibre entre inspection disciplinaire, qui garantit à tous les élèves un accès à une qualité pédagogique reconnue, et inspection administrative, qui responsabilise collectivement les acteurs, repose sur le renforcement de l'autonomie des établissements.

Pour construire ce nouveau modèle, qui à la fois reconnaisse et promeuve l'inventivité pédagogique dans les établissements tout en préservant le cadre national que les Français demandent, il nous faut définir un nouveau référentiel d'évaluation des établissements. En France, les indicateurs qui sont aujourd'hui pris en compte dans l'évaluation des collèges et lycées sont sommaires. Il s'agit surtout de mesurer l'écart entre les résultats attendus en fonction du public scolarisé et les résultats effectifs des élèves. Désormais, l'évaluation des établissements doit reposer sur des critères clairs (les progrès des élèves, la réduction des inégalités) et s'accompagner de recommandations pour améliorer le fonctionnement de l'établissement. L'accompagnement et le suivi dans la durée des recommandations formulées sont également des gages de progrès collectifs. Là encore, la confiance peut nous guider dans la mise en place d'une conception de l'évaluation de l'établissement qui n'existe pas vraiment aujourd'hui. C'est un enjeu majeur qui est devant nous et auquel j'entends consacrer beaucoup d'attention au cours des années à venir.

Faire de l'évaluation des élèves un moteur de progrès et de confiance

L'une des activités majeures de l'Éducation nationale est d'évaluer les progrès des élèves. Trop souvent, dans notre système, elle devient une finalité. Un biais s'est en effet installé, qui touche nombre d'élèves : ceux-ci vont à l'école non plus pour apprendre, pour s'accomplir, mais pour avoir de bonnes notes. Pire, certains élèves considèrent que la note n'attribue pas seulement une valeur à leur travail mais aussi à eux-mêmes. On retrouve là toute l'ambiguïté de l'étymologie du terme latin *nota*, qui pouvait désigner une « distinction honorable » ou encore une flétrissure imposée à un condamné. Là où la note devrait être émancipatrice car invitant au progrès, elle devient une assignation et nous aboutissons à l'inverse de ce que nous devons rechercher. Il nous faut donc absolument détendre ce sujet en dépassant le clivage entre ceux qui affirment que les notes sont nécessaires pour progresser et ceux qui disent que les notes sont la cause des « chagrin[s] d'école » comme l'écrit Daniel Pennac.

Il faut dépasser cette contradiction en mettant en œuvre une démarche d'évaluation qui donne confiance aux élèves et les aide à progresser. Dans sa visée formative, elle guide l'élève dans son apprentissage, en valorisant les qualités de son travail. Elle joue donc un rôle central dans la construction de l'estime de soi. Parallèlement, en révélant les lacunes et les difficultés de l'élève, elle affine le regard de l'enseignant, lui permet d'adapter son discours et de mettre en place des pratiques au plus près des besoins des élèves.

Au terme de la séquence d'enseignement, l'évaluation valide également les compétences attendues. Dans ce cas, l'évaluation ne sert pas à classer les élèves les uns par rapport aux autres, mais permet à chacun de se situer par rapport à une échelle de compétences attendues. Ces évaluations sont des références communes qui permettent aux parents de situer leur enfant dans son parcours scolaire et de l'aider le cas échéant. D'aucuns en contestent la portée ; mais les évaluations sommatives sont utilisées partout ailleurs : dans le patinage artistique, au tennis et dans les jeux vidéo... Pour quelle raison ? Parce qu'il s'agit d'un langage commun. Et comme tous les langages, il peut être positif ou négatif. Ce n'est donc pas le support qui est en cause mais bien plutôt l'utilisation qui en est faite.

Depuis deux siècles maintenant, les systèmes scolaires ont pris l'habitude de mesurer ces progrès par des évaluations de natures très différentes : des images, des lettres, des chiffres de 0 à 20 en France, de 1 à 6 en Allemagne (avec une note 1 constituant la note maximale). Bien évidemment, nous sommes là dans le règne de la convention. Peu importe d'ailleurs le système adopté, ce qui compte, c'est que l'évaluation soit porteuse de sens. Or, en ce domaine, la notion de « constante macabre », forgée par André Antibi, est importante car elle nous alerte sur un travers qui a vrillé l'orientation de notre démarche d'évaluation en la transformant en rapport d'autorité peu sain entre le maître et l'élève[7]. Aussi convient-il de mener une réflexion individuelle et collective sur les pratiques d'évaluation dans les équipes disciplinaires, voire au-delà. Dans l'école de la confiance, la confiance du professeur et celle de l'élève vont de pair.

Pour aider les professeurs à adapter leur pédagogie aux besoins des élèves, nous avons mis en place dès la rentrée 2017 des évaluations qui avaient disparu ces dernières années. Briser le thermomètre n'a pourtant jamais fait baisser la température ! Il est fondamental pour le travail quotidien des professeurs comme des inspecteurs de bénéficier d'outils pertinents et efficaces. Désormais, tous les élèves de France sont évalués à leur entrée en CP, puis quatre mois plus tard, afin de vérifier l'avancement de leur maîtrise des savoirs fondamentaux. Ils le sont à nouveau à leur entrée en CE1 pour permettre aux professeurs de vérifier les acquis de leurs élèves. Ces évaluations ont été conçues avec l'appui du conseil scientifique de l'Éducation nationale afin d'assurer leur pertinence comme la richesse de leur exploitation pour les professeurs. À leur entrée en sixième, les élèves sont évalués par un test réalisé sur un support numérique et qui s'adapte à leur plus ou moins grande aisance à répondre. Cela permet de dresser un bilan de leur maîtrise des savoirs fondamentaux et de les aider à combler leurs lacunes s'ils en ont. Les résultats de ces évaluations sont également transmis aux familles afin qu'elles puissent connaître les progrès et, le cas échéant, les difficultés de leur enfant.

Pour qu'elle aide chaque élève à progresser, une démarche d'évaluation doit être le résultat d'un travail collectif entre les professeurs d'un même établissement et, au niveau national, entre l'institution et les scientifiques. Si l'on veut construire les critères objectifs d'une bonne évaluation, il est nécessaire de mener un travail d'équipe. C'est notamment pour cette raison que la confiance dans la communauté éducative est si importante : c'est parce que les professeurs travailleront dans un cadre collectif qu'ils se feront confiance, que leurs évaluations seront justes et inspireront de la confiance. Je le dis souvent : la confiance que je donne aux professeurs, ils doivent se la donner entre eux pour la donner aux élèves qui, *in fine*, prendront confiance en eux.

Tout ceci doit diminuer les phénomènes d'individualisme et de solitude qui minent notre école. La logique d'équipe, la logique de solidarité, la logique d'intelligence collective sont consubstantielles à l'école de la confiance.

CHAPITRE 6

Faire confiance aux partenaires de l'école

Depuis mon arrivée, le dialogue avec les partenaires sociaux est permanent et soutenu. Je ne ménage pas mon temps ni celui de mes collaborateurs pour recevoir, écouter et prendre en compte. J'éprouve du respect pour cette forme d'engagement qui a une dimension noble dès lors qu'il s'agit de consacrer une partie de son existence à défendre des intérêts collectifs.

Les différentes réformes, en particulier celle du baccalauréat et celle de l'enseignement professionnel, tiennent compte de certaines propositions avancées par les organisations syndicales. L'exercice du dialogue atteint cependant assez vite une limite dès lors que certaines organisations syndicales s'installent dans la critique systématique et que les votes au Conseil supérieur de l'éducation sont majoritairement négatifs depuis des années. Ce qu'Emmanuel Macron a réussi dans le champ politique, certaines organisations syndicales, qui savent porter haut les valeurs du syndicalisme de propositions, devraient le réaliser dans le champ syndical en bougeant les lignes et en consacrant toute leur énergie à des changements concrets.

Faute de quoi, nous n'arriverons jamais à ce que les Français attendent de nous : un dialogue social permettant de dépasser les clivages et de faire progresser nos organisations.

On me dit en permanence que les élections professionnelles de la fin de l'année 2018 vont obliger les syndicats, au cours des prochains mois, à adopter des postures de plus en plus critiques. Quel jeu de rôles absurde !

Tout cela ne m'empêchera pas d'avancer avec les organisations syndicales qui sont de bonne foi et qui veulent véritablement faire évoluer notre école pour qu'elle permette la réussite des élèves. Je rencontre tous les jours des acteurs de terrain et je crois avoir une idée assez claire de leurs aspirations.

Je n'ai jamais été, je ne serai jamais dans une logique de posture ; j'aimerais qu'il en soit ainsi de tout le monde parce que nous avons les mêmes objectifs, la réussite des élèves.

La confiance est aussi indispensable pour ceux qui agissent au plus près de la spécificité des territoires et des besoins des élèves. Cela concerne autant les professeurs, les chefs d'établissement, les inspecteurs que les collectivités locales, qui sont des partenaires fondamentaux de l'école. Pour dépasser le discours uniformisateur, descendant, et parfois condescendant, qui n'a pas prouvé sa capacité à rendre les Français plus égaux, et le discours qui ferait de l'échelle locale l'alpha et l'oméga de l'action politique, nous devons trouver une troisième voie qui articule les échelles locales et nationales, qui combine autonomie, responsabilisation et efficacité accrue, qui permette à la fois la délégation et le dialogue.

Il nous faut aujourd'hui répondre aux attentes de plusieurs types de territoires : les villes, les banlieues de ces villes, la « France périphérique » et les zones rurales, sans oublier les problématiques propres aux outre-mer. À ce panorama divers, il faut ajouter le paramètre économique : on sait en effet que certains territoires connaissent actuellement des difficultés importantes. Un diagnostic objectif, qui ne se paie pas de mots mais regarde en face la réalité, est donc absolument capital pour construire des projets académiques efficaces et, à un niveau inférieur, des projets d'établissement prenant pleinement en compte les besoins des élèves et les forces et faiblesses du contexte local.

C'est le sens d'une nation fraternelle qui fait plus pour ceux qui ont moins, c'est même le sens de l'égalité républicaine. Cette intelligence fine des territoires passe par le soutien de ceux qui, chaque jour – professeurs, inspecteurs, maires, présidents des conseils départementaux et régionaux –, se mobilisent pour donner à nos enfants les meilleures conditions matérielles et spirituelles pour une éducation de qualité.

Faire confiance aux acteurs de terrain

C'est dans ce même esprit de confiance vis-à-vis des acteurs de terrain que le président de la République a voulu réintroduire de la souplesse dans l'organisation des rythmes scolaires afin de répondre le mieux possible aux singularités de chaque contexte local, dans le souci constant de l'intérêt des enfants. L'obligation faite par le gouvernement précédent d'instituer, partout en France, la semaine d'école sur 4,5 jours avec comme corollaire l'obligation pour les communes d'organiser des activités périscolaires au milieu ou en fin de journée avait créé en réalité une situation très hétérogène. Les villes les plus riches ont en effet eu la possibilité de mobiliser des moyens souvent très importants pour offrir des activités périscolaires de qualité. Les villes les moins riches et les secteurs ruraux soumis à la contrainte du ramassage scolaire ont parfois fait face à de grandes difficultés.

Moins de 40 % des élèves participaient aux activités périscolaires, lesquelles étaient de qualité très inégale. Je suis donc stupéfait chaque fois que l'on cherche à présenter cette situation comme unanimement positive.

Dans des communes parfois très proches, le temps scolaire était organisé selon des modalités parfois radicalement différentes. Par exemple, entre 4 communes limitrophes – Bagnolet, les Lilas, le Pré-Saint-Gervais et Pantin – on pouvait constater 4 organisations du temps différentes. Là, on finissait à 4 heures de l'après-midi, ici la semaine de classe s'achevait le vendredi à 11 h 30, là on finissait à 16 h 15, là on alternait entre une fin de journée de 15 heures à 16 h 30. Par ailleurs, moins d'un parent sur deux estimait que la réforme était profitable à leur enfant ; certains, particulièrement ceux dont les enfants étaient en maternelle, jugeaient leurs enfants plus fatigués. Une étude réalisée par la direction générale de l'enseignement scolaire (mai 2017) rend compte d'un absentéisme deux fois plus important le mercredi matin. Le cadre national rigide des rythmes mécontentait bien des acteurs de la communauté éducative qui réclamaient le retour aux 4 jours.

Je tiens à répéter que je ne défends ni la semaine de 4,5 jours, ni celle de 4 jours. D'une manière générale, sur la question de l'impact de l'organisation du temps scolaire (OTS) sur les progrès des élèves, il s'agit d'être prudent[2]. Il doit en effet être bien clair dans l'esprit de tout le monde que le passage de 4,5 à 4 jours n'entraîne pas de diminution du nombre d'heures d'école pour les élèves. Les 24 heures d'école auxquelles ont droit tous les élèves sont simplement réparties de manière différente dans la semaine. Par ailleurs, pour les communes qui veulent rester aux 4,5 jours, nous maintenons le fonds de soutien qui les aide à financer leurs actions périscolaires, ce qui souligne, s'il en était encore besoin, que nous n'encourageons pas particulièrement le passage à 4 jours. Bien au contraire, nous créons une liberté nouvelle.

Le 21 juin 2017, un décret a permis l'assouplissement des rythmes scolaires. C'était un engagement clair du président de la République. Le passage de 4,5 à 4 jours se fait selon une procédure qui repose sur la confiance en la capacité des acteurs de terrain à décider pour le bien des élèves en prenant en compte la diversité des situations et la singularité des territoires. Là où les communautés éducatives et les communes étaient satisfaites de leur organisation, elles pouvaient continuer selon les mêmes modalités. Là où il y avait un consensus local entre conseils d'école, municipalité et inspecteur d'académie en faveur d'une autre organisation, une dérogation aux cadres existants est devenue possible.

En un mois, 43 % des communes ont opté pour une organisation du temps scolaire sur 4 jours. Il s'agit surtout de communes rurales dont les contraintes particulières doivent être prises en compte. La plupart des grandes agglomérations n'ont pas décidé de sortir du système à 4,5 jours pour la rentrée 2017 ; les petites communes ont été plus nombreuses à demander une dérogation.

Avec la publication du décret de juin 2017, le but n'était pas de modifier les dispositifs qui fonctionnaient bien et donnaient satisfaction. Nous n'avons bouleversé aucun équilibre, aucune organisation, mais avons seulement ouvert la possibilité d'une organisation alternative, dans les cas où la situation ne se révélait pas satisfaisante et où un consensus local se dégageait pour trouver une issue favorable à des situations encore compliquées quatre ans après la mise en place de la semaine de 4,5 jours. Là où il y avait de l'univocité, nous avons ouvert des possibles ; là où la rigidité prévalait, nous avons intégré de la souplesse. Nous avons simplement permis que perdure ce qui marche et que change ce qui ne marche pas.

Je me souviens qu'à une époque, c'est la semaine des 4 jours qui était à la mode. Par exemple, Philippe Séguin l'avait expérimentée à Épinal en organisant une rentrée des classes en avance et cela était regardé avec faveur par les observateurs. Ainsi vont les modes. Aujourd'hui, certains voudraient créer un clivage entre la formule à 4 jours et la formule à 4,5 jours, faisant de cette question l'axe éthique de la réflexion sur l'école primaire. La vérité est que l'essentiel est ailleurs, qu'il est important de faire confiance aux acteurs de terrain, qu'il est bon pour la France d'avoir des situations différenciées pour tenir compte des particularités locales.

La question des rythmes est importante dès lors que l'on pense la question du temps quotidien de l'enfant en lien avec le temps hebdomadaire et le temps annuel. Cette réflexion, qui doit être permanente, est particulièrement sensible pour les élèves en situation de handicap, qui n'ont pas toujours reçu toute l'attention nécessaire dans les activités périscolaires. L'enjeu requiert une vision globale et donc une réflexion et une action sur le long terme.

C'est pourquoi je me suis engagé à poursuivre cette réflexion avec ce que j'appelle le « Plan mercredi ». En mobilisant tous les acteurs publics ainsi que les administrations en charge des sports, de la culture, nous pouvons faire de nos écoles, parfois laissées vides le mercredi, des lieux où les enfants viennent apprendre d'une manière différente et vivre une vie collective intense grâce au sport et aux activités de toutes sortes.

Le véritable enjeu est donc celui de la qualité du temps scolaire et du temps périscolaire ainsi que du lien entre ces deux temps fondamentaux pour l'élève. La réforme de 2013 a parfois accentué le fossé entre les acteurs scolaires, les professeurs, et les acteurs périscolaires, les animateurs, parce qu'elle était imposée et non choisie. Avec le « Plan mercredi », l'objectif est de susciter une implication plus forte de l'Éducation nationale dans la vie périscolaire pour tisser des cohérences et des continuités.

Il est indispensable d'avoir une réflexion globale sur le temps et l'espace de l'enfant au XXIe siècle. C'est au cœur de ma mission, notamment au titre de l'Éducation nationale, mais aussi en raison de la compétence ministérielle qui m'a été attribuée pour suivre la jeunesse et la vie associative. Grâce à l'engagement des volontaires du service civique, à la richesse de notre vie associative et de ses 16 millions de bénévoles, qui chaque année s'investissent au service des autres, nous devons offrir à nos enfants tout ce dont ils ont besoin pour s'épanouir, particulièrement des activités collectives qui développent leurs compétences sociales, favorisent leur ouverture à la culture, leur amour de la nature et le dépassement de soi par le sport. Par l'école et l'action associative, nous créons ces liens indispensables qui tissent la trame d'une société dans laquelle l'individu ne se réalise pas au détriment des autres, mais bien grâce aux autres.

La France n'est pas un pays d'indifférents. C'est un pays politique qui porte des combats. C'est un pays où les altruistes et les généreux font vivre le lien social. En effet, les 1,3 million d'associations que compte la France disent le sens si développé que les Français ont du « bien commun ». Les plus de 70 000 nouvelles associations créées chaque année expriment l'énergie que les Français mettent dans l'engagement. 42 % des Français âgés de plus de 16 ans sont adhérents d'une association et montrent une volonté civique de se rassembler autour des causes les plus diverses. Le secteur associatif est d'autant plus crucial qu'il représente 1,83 million d'emplois, soit 9,8 % des emplois dans le secteur privé.

J'attache une importance plus particulière au service civique qui est la pointe avancée du futur service national universel dans la mesure où il donne à notre jeunesse la possibilité de se réaliser.

Nous avons augmenté de 16 % les crédits cette année pour permettre l'accueil des 150 000 volontaires du service civique qui nous aident, par exemple, à mettre en place le dispositif « Devoirs faits ».

Les associations de jeunesse se sont organisées en un COJ (conseil d'orientation des politiques de jeunesse) que j'ai déjà pu rencontrer par deux fois avec beaucoup de plaisir et d'intérêt. C'est l'occasion de voir le dynamisme du secteur de l'éducation populaire et des acteurs associatifs d'une manière générale. Ils sont un vecteur de lutte contre les inégalités territoriales et leur contribution est importante pour le renouveau des territoires ruraux.

Préfiguration du Plan mercredi – Nice – 26 janvier 2018

La ville de Nice est l'une des rares villes de taille importante à avoir souhaité la semaine de 4 jours. Cette décision a été plébiscitée par 97,93 % des votes en conseils d'école. Préparée très en amont, cette nouvelle organisation du temps scolaire a permis au maire, Christian Estrosi, de proposer un large panel d'activités le mercredi. Le 26 janvier, je me rends donc à Nice pour soutenir les initiatives du rectorat, partenaire essentiel de ce qui pourrait préfigurer le Plan mercredi. Les services de l'Éducation nationale soutiennent l'initiative sur deux thématiques, l'éducation artistique et culturelle et le sport. La Ville de Nice offre par exemple la possibilité à 320 enfants de participer à des sorties ski chaque mercredi durant la saison d'hiver (10 semaines). Les centres de loisirs, dont j'ai la charge comme ministre de la Jeunesse et de la Vie associative, développent des activités de pleine nature et des sports collectifs et individuels, tels que le tennis, le rugby, le football, l'athlétisme et bien d'autres activités. La réflexion sur les rythmes scolaires dépasse de très loin les enjeux d'une semaine à 4 ou 4,5 jours. Il s'agit de réfléchir aux besoins des enfants et à la diversification des stratégies pédagogiques pour leur permettre d'être mieux dans leur peau et dans leur esprit afin de créer une société apaisée, plus confiante en l'avenir.

Être à l'offensive sur l'école rurale

La question de ruralité est une des plus importantes qui se posent à notre pays. Je la relie évidemment à la question démographique. Depuis quelques années, la France connaît moins de naissances chaque année[3]. Ce phénomène doit nous alerter car, à long terme, il est délétère pour notre pays et notre continent. C'est pourquoi il est important de construire une politique démographique européenne afin d'en déduire les politiques familiales, migratoires et d'aménagement des territoires.

Ce sont dans les territoires ruraux que se manifeste le plus sévèrement cette chute démographique qui s'y conjugue avec l'exode rural.

Il est possible de réagir de plusieurs manières vis-à-vis de ce phénomène. Prendre acte de la métropolisation, qui est une réalité mondiale, mais ceci nous mènerait rapidement à des territoires en archipel dont la conséquence serait la marginalisation de pans entiers de la population. C'est ce que décrit déjà, d'une certaine manière, Christophe Guilluy dans ses ouvrages sur la France périphérique[4]. Ou développer une vision d'ensemble du territoire, y compris sur l'outre-mer, en considérant que notre richesse découle de la diversité de nos espaces. Nous avons la chance d'avoir un riche terroir et un patrimoine exceptionnel que nous envient bien des pays et que nous devons considérer comme des atouts et non comme un fardeau.

C'est dans cet esprit que j'aborde la question de l'école rurale qui peut constituer un élément majeur d'attractivité. Pour cette raison, l'Éducation nationale participe de la politique d'aménagement du territoire et c'est précisément dans cette optique, qu'en préparant la rentrée 2018, j'ai préservé au maximum les territoires ruraux en atténuant considérablement les effets de la baisse démographique.

À la rentrée prochaine, nous attendons 32 657 élèves en moins à l'école primaire, principalement dans les zones rurales. Cela signifie que nous devrions fermer des centaines de classes. Or, en plus des dédoublements de CP en réseau d'éducation prioritaire, nous ouvrons 1 000 classes. Dans tous les départements ruraux, le taux d'encadrement des élèves va augmenter. Dans le Doubs, par exemple, nous comptons 327 élèves en moins l'année prochaine et nous créons 14 postes, ce qui donne un taux d'encadrement moyen de 21 élèves par classe. Dans notre pays, 20 % des écoles, composées d'une classe unique ou de deux, scolarisent 5 % des élèves tandis que 20 % des écoles de 8 classes ou plus scolarisent 50 % des élèves. Je ne peux pas laisser dire que l'école ne fait rien pour la ruralité.

Maintenant, nous devons faire mieux et aller plus loin. C'est pourquoi j'ai demandé au sénateur Duran, qui connaît bien ces enjeux, de mener une mission sur ce sujet dans la lignée des premières initiatives prises sous le gouvernement précédent[1]. En la matière, il ne faut pas se tenir sur une position défensive qui cacherait un manque de projet ou se résumerait à fermer des classes, puis des écoles, puis des collèges. Nous devons au contraire être proactifs et développer des projets ambitieux pour que ces établissements demeurent attractifs.

C'est pourquoi j'ai été étonné lorsque, au mois de février 2018, une polémique a pris la question de l'école rurale en otage. Alors que l'offre éducative dans les milieux ruraux est une vraie question qui mérite des réponses sérieuses et sur lesquelles nous travaillons, certains ont tenté de faire croire à l'opinion que la fermeture de classes rurales est la conséquence du dédoublement des classes de CP en réseau d'éducation prioritaire. En somme, certains, d'une manière assez peu responsable, ont opposé l'école de la ville à l'école de la campagne. Ce débat a été délibérément tronqué avec un sens de la désinformation particulièrement aigu qui n'est ni à la hauteur des enjeux de la ruralité, ni au niveau de cette question cruciale qu'est l'adaptation du service d'éducation aux besoins de nos concitoyens. En effet, nous dédoublons des classes dans les départements ruraux, notamment dans les petites villes. À Vimoutiers dans l'Orne, à Decazeville en Aveyron, à Luçon et à Fontenay-le-Comte, au cœur de la Vendée, nous ajoutons 7 postes pour des dédoublements les classes de CP et de CE1. Dans le département de l'Aisne, 40 % des dédoublements se font en zone rurale. C'est au moment où il y a enfin une politique rurale de l'Éducation nationale que l'on essaie d'affirmer le contraire. Je ne peux rester sans réaction devant ces manœuvres.

Assemblée nationale – 13 février 2018

Jean-Louis Bricaut, pour le groupe Nouvelle Gauche, m'interpelle sur la fermeture des classes rurales.
Ma réponse est ferme. « Monsieur le député, je serais volontiers d'accord avec vous si ce que vous disiez était vrai. Bien sûr que ce n'est pas vrai, et je vais vous le prouver.
D'abord, créations de postes dans le premier degré à la rentrée prochaine : 3 881. Nombre d'élèves en moins : 32 657. Dans chaque département de France, notamment dans les départements ruraux, il y aura plus de professeurs par élève que pendant l'année actuelle.
C'est la stricte vérité. Vous citez votre département. Dans celui-ci, il y a non pas des suppressions de postes, mais 32 créations de postes. Votre description est donc fausse. Il entre énormément de mauvaise foi dans le débat public, puisque vous ne parlez que des fermetures de classes, même quand il y a plus d'ouvertures que de fermetures ! Par-dessus le marché, vous essayez d'opposer le rural et l'urbain. Vous rendez un très mauvais service au débat public

en faisant de la sorte. Dans votre département, 40 % des dédoublements de classes de CP ont eu lieu en zone rurale. Pourquoi donc opposer l'urbain et le rural, alors que nous ne faisons rien d'autre que de venir en aide aux territoires les plus défavorisés ?
Je constate aujourd'hui, devant la réussite de notre politique de dédoublement, une volonté de présenter les choses telles qu'elles ne sont pas. Nous menons une politique en faveur du rural qui se traduit par un meilleur taux d'encadrement dans tous les départements ruraux et par un travail précis, si bien que dans chaque cas où une fermeture de classe ou d'école a lieu, elle est concertée. Donc, oui au débat entre le rural et l'urbain, à condition de dire des choses exactes ! »

On mélange deux problèmes, un vrai et un faux. Le vrai problème est la baisse démographique des territoires ruraux. Depuis cinq ans, elle s'accentue en lien avec la diminution des naissances que l'on constate dans l'ensemble du pays, entre 30 000 et 40 000 de moins chaque année. Ce sujet doit être regardé en face et c'est justement ce que nous faisons en créant des postes à l'école primaire pour éviter de fermer des classes à proportion d'effectifs constatés. C'est grâce à cela que pour la rentrée 2018, le taux d'encadrement des écoles primaires de tous les départements de France, notamment ruraux, va s'améliorer. Le faux problème consiste à prétendre qu'il y aurait à l'encontre des territoires ruraux une politique de « déshabillage » pour mener la politique de dédoublement des CP.

Il serait irresponsable de ma part de considérer que l'offre éducative ne doive pas s'adapter aux mouvements de population à moins de considérer que le budget de l'Éducation nationale est illimité et celui de la France, c'est-à-dire les impôts des Français, ne réponde à aucun contrôle. La répartition des moyens sur le territoire accompagne en permanence les mouvements spatiaux de la population française. Et bien sûr, nulle part nous ne regroupons une classe quand les effectifs augmentent. Tous les ans, depuis des années, des classes sont regroupées afin d'offrir le service d'éducation le plus adapté aux enfants. Il est en effet très difficile de faire classe à 8 enfants dont les niveaux vont du CP au CM2. Cela se justifie sur certains territoires très isolés mais en aucun cas cela ne peut devenir une norme pour l'Éducation nationale car ce serait priver les élèves d'un cadre satisfaisant pour les enseignements.

L'Éducation nationale ne se désengage pas des territoires ruraux. Au contraire, elle s'engage résolument dans une politique responsable par le biais des conventions ruralité. Nous en comptons aujourd'hui 40 sur la soixantaine de départements éligibles. Quand elles arrivent à échéance, il faut travailler à leur renouvellement en augmentant leur portée autour de trois objectifs :

- Le premier concerne le développement de classes de CM2/sixième expérimentales afin d'accueillir de nouveaux collégiens extérieurs au territoire et hébergés dans des internats aujourd'hui inoccupés : cela permettrait de donner un nouvel élan éducatif aux territoires ruraux concernés.
- Le deuxième concerne le bâti scolaire, sur lequel une réflexion mérite d'être développée, notamment autour d'une intégration possible de l'école et du collège d'une même commune rurale dans un même ensemble immobilier : une telle initiative favoriserait la qualité des parcours des élèves, de la maternelle à la classe de troisième, et stimulerait certainement l'innovation pédagogique des équipes.
- Le troisième concerne les internats, sur lesquels nous allons revenir.

Marciac – 6 août 2017

Au cœur de l'été 2017, je me suis rendu à Marciac, dans le Gers. Ce bourg, célèbre pour son festival de jazz, mérite aussi d'être connue pour son collège, qui scolarise un peu plus de 200 élèves. Dans les années 1990, l'établissement était menacé de fermeture et l'internat était presque vide. Son principal, J. L. Guilhaumon, un homme exceptionnel, était aussi le créateur du festival. Devenu depuis maire de Marciac, il a proposé l'ouverture d'une classe « jazz » et a développé un projet pédagogique ambitieux autour de la musique. En deux ou trois ans, il a attiré des élèves de toute sa région. L'internat a été un outil fondamental de cette revitalisation qui a permis à ce collège de perdurer, mais plus important encore, d'occuper une place singulière dans la communauté villageoise, qui est l'une des plus dynamiques de ce département rural. Un cercle vertueux a été créé où le collège joue, grâce au festival, un rôle central.

C'est la preuve que les établissements ruraux ont un avenir si nous savons les rendre plus attractifs avec de vrais projets. L'Éducation nationale travaille donc avec des collectivités territoriales pour structurer une offre cohérente d'éducation à l'échelle de chaque territoire. Pour compenser l'éloignement, pour apporter une valeur ajoutée à tous les enfants qui étudient dans ces nouveaux regroupements, nous enrichirons le contenu pédagogique et l'offre éducative afin d'apporter un service de grande qualité. C'est, il me semble, le contrat que nous devons passer avec les territoires ruraux : une rationalisation de l'offre scolaire et une meilleure qualité du service éducatif par un projet culturel, artistique et sportif ambitieux. Cela peut vouloir dire une résidence d'artistes, un établissement transformé en galerie d'art, une bibliothèque rénovée accueillante et riche de livres récents.

Un excellent exemple de renouveau éducatif au service de la renaissance rurale est l'école de Trébédan dans les Côtes-d'Armor. Son espace, son mobilier ont été repensés afin d'offrir aux élèves des espaces modulables pour des conditions optimales d'apprentissage. Les lieux ont été également adaptés pour les activités culturelles et pour d'autres publics que les élèves. L'école est ainsi devenue le cœur vivant du village, ouvert à toutes sortes d'animations.

Je suis convaincu qu'il nous faut nous inspirer de ce beau projet. C'est pourquoi un fonds va être consacré à la rénovation des bibliothèques d'école, particulièrement des écoles rurales, afin d'ancrer davantage encore la lecture dans la vie scolaire. L'école rurale est bien souvent déjà le pouls d'un village ; elle doit véritablement en devenir le cœur par une politique culturelle volontariste.

Nous devons aussi pleinement exploiter les possibilités du numérique pour que les fractures territoriales soient réduites par les outils modernes, il faut œuvrer de manière sereine et continue avec les départements qui, jusqu'alors, ont eu l'impression d'être des prestataires de l'État sans pouvoir agir de concert avec lui sur le temps long. Le président de la République s'est engagé à l'extension du haut débit dans l'ensemble du territoire. Cela permettra aux écoles et aux établissements ruraux de se situer à la pointe des projets numériques éducatifs qui sont, bien évidemment, un élément d'attractivité des établissements. Tout est lié car nous savons que les familles s'installent si cette qualité de l'équipement existe aussi pour leur vie personnelle et professionnelle. C'est ce que me disaient des parents d'élèves lors de ma visite au collège Gordon-Bennett dans le Puy-de-Dôme. Nous investissons donc 34 millions d'euros pour l'équipement numérique des écoles rurales et des collèges ruraux. Mounir Mahjoubi, en charge du numérique, agit aussi en ce sens car il est pleinement conscient des enjeux qui se jouent autour du numérique pour la ruralité.

Un cadre privilégié d'apprentissage : les internats

Les internats ont été décisifs dans l'histoire de l'École de la République. Sans eux, bien des enfants n'auraient pu poursuivre leurs études au-delà de l'école primaire. De nos jours, ils sont appelés à jouer un rôle social et sociétal majeur en prise avec les réalités du XXIe siècle.

L'internat a vécu une détérioration de son image à partir des années 1960. Aujourd'hui, les adolescents et leurs familles sont de nouveau très demandeurs. Il faut y voir la recherche d'un cadre clair et net pour travailler et s'épanouir. L'internat peut être synonyme d'excellence, de réussite mais aussi de liberté par les opportunités, inaccessibles autrement, qu'il donne aux élèves, par la culture et notamment le sport.

Les internats peuvent répondre aussi au déficit d'attractivité de certains collèges et lycées ruraux et aux difficultés sociales particulièrement sensibles dans les territoires urbains. Ils permettent à des établissements, comme les lycées professionnels, ou les lycées agricoles qui proposent des formations spécifiques, de former des élèves qui n'habitent pas à proximité. C'est le cas par exemple du lycée Rompsay de La Rochelle où je me suis rendu le 15 mars 2018. Spécialisé dans le domaine du nautisme, cet établissement accueille des élèves qui habitent parfois très loin. Mes échanges avec plusieurs de ces élèves ont confirmé cela : sans offre d'internat, nombre d'entre eux n'auraient pu faire le trajet quotidiennement et auraient renoncé à une formation qui offre pourtant de formidables débouchés professionnels.

Actuellement, 200 000 lits d'internat sont disponibles en France et 20 % sont inoccupés, en majorité dans les territoires ruraux. L'enjeu est de les revitaliser. Nous lançons donc une politique volontariste sur les internats qui consiste à développer des projets éducatifs ambitieux pour donner aux élèves un cadre et une ouverture culturelle. Un internat est tout sauf un hôtel, tout sauf « juste des murs et des lits ». C'est d'abord et avant tout un projet éducatif.

Avec les internats de nouvelle génération, nous offrons aux élèves une égalité mais aussi une liberté nouvelles car l'accès à la culture, l'accès au sport, l'accès à la nature vont s'en trouver renforcés. Cette politique des internats est donc une politique de liberté, d'égalité et de fraternité.

Lycée professionnel Raymond-Cortat – Aurillac – Jeudi 29 mars 2018

*J'arrive un peu en retard au lycée en raison de l'adoption tardive de la proposition de loi Gatel visant à simplifier et à mieux encadrer le régime d'ouverture des établissements privés hors contrat. Un groupe joyeux de lycéens m'accueille ainsi que le personnel de l'inspection d'académie, la communauté éducative, les élus locaux tout comme mon collègue du gouvernement Jacques Mézard. Nous sommes heureux de nous retrouver là car nous partageons le même attachement pour les territoires ruraux. Nous avons choisi ce lycée pour lancer le grand Plan internat dont la France a besoin et dont les territoires ruraux ont besoin pour être davantage attractifs. J'ai demandé au président du conseil départemental du Puy-de-Dôme, Jean-Yves Gouttebel, et à l'inspecteur général Marc Foucault de bien vouloir réfléchir à un nouvel élan pour les internats du XXI*e *siècle. Leurs conclusions sont attendues en septembre 2018 mais, sans plus attendre, nous lançons pour la rentrée 2018 un premier programme de revitalisation des internats, notamment dans les établissements ruraux. Notre but est simple : offrir une opportunité d'étudier dans de bonnes conditions.*

> *L'internat de demain offrira un cadre de travail (temps d'étude, temps de sommeil, etc.) mais aussi un champ d'opportunités, notamment en matière culturelle et sportive. Les élèves avec qui j'ai un bel échange dans ce lycée d'Aurillac ont développé un esprit d'équipe, fait de camaraderie, de projets communs, de sport et de toutes les vertus d'une vie à plusieurs qui responsabilise et épanouit. Les places d'internat que nous ouvrirons seront autant de chances pour des élèves qui parfois sans cela auraient suivi par défaut un parcours dans l'établissement le plus proche de chez eux.*

Faire confiance aux parents

L'école est au cœur de la société. Elle en est la matrice. Elle mène une action éducative qui, pour être efficace, doit être portée par la société tout entière et en premier lieu par les parents d'élèves. En effet, une école de la confiance suppose la confiance des familles dans l'école et de l'école dans la famille. Dans tous les systèmes scolaires, les deux principaux facteurs de réussite sont la formation des professeurs d'une part et le lien famille-école d'autre part. Il vaut mieux pour un enfant avoir des parents qui ont peu de moyens, peu de passé scolaire, mais qui croient en l'école et lui disent que c'est par là qu'il va s'élever, que d'avoir des parents qui, dotés des caractéristiques inverses, lui tiennent un discours dévalorisant sur l'école.

Cette question de la convergence des désirs et des valeurs entre la famille et l'école est fondamentale. Elle se recrée au travers du dialogue famille-école, qui n'est pas toujours facile. Les tendances consuméristes de notre société peuvent parfois déborder sur l'école. Nous devons installer un climat de confiance grâce au professionnalisme des enseignants et à notre complicité totale avec les parents pour faire réussir ensemble leurs enfants. Pour y arriver, nous achevons de formaliser en ce moment un nouveau mode de relation avec les parents que nous appelons « la Mallette des parents ». Je l'ai initiée quand j'étais recteur de l'académie de Créteil auprès de familles qui n'avaient pas l'habitude de se rendre à l'école pour discuter avec les professeurs de la scolarité de leurs enfants. Elle accompagne notamment les réunions parents-professeurs. La réunion de début d'année permet, par exemple, d'appréhender les enjeux de la scolarité, les attentes de l'école vis-à-vis des familles. La deuxième insiste davantage sur le travail des élèves et la troisième sur l'aide que les parents peuvent apporter. Il s'agit souvent des petits ingrédients de la vie quotidienne, par exemple de demander à son enfant comment sa journée s'est passée. Cette mallette peut paraître très simple au regard des enjeux, mais force est de constater qu'elle a été à l'origine d'un regain de fréquentation dans les réunions parents-professeurs de certains établissements. Et surtout, elle a eu un impact direct sur le comportement et le résultat des élèves[5]. Un détail parmi tant d'autres montre qu'il suffit parfois de peu de chose pour briser les parois de verre : la mallette cristolienne mettait par exemple à disposition des établissements un beau carton d'invitation à adresser aux parents. Ce carton, au-delà des informations pratiques, adressait un message : l'école représente quelque chose d'important et les parents répondaient généralement présents.

Complètement revue, cette mallette est mise en ligne au mois de juin 2018 et permet aux parents de mieux connaître l'école, de disposer de toutes les informations nécessaires pour leurs démarches pratiques : inscrire un enfant dans une école, à la cantine, ainsi que des ressources pour aider son enfant à progresser notamment en ce qui concerne la lecture. En ce domaine, nous devons en effet définir les démarches conjointes qui favorisent les apprentissages des enfants : principes fondamentaux du décodage, lecture à la maison, discussion autour d'une lecture méritent d'être partagés et travaillés à l'école comme à la maison pour assurer le progrès de chaque élève. C'est notamment ainsi que nous pouvons réconcilier les parents et l'école, et que nous donnons son plein sens à la coéducation.

De leur côté, les professeurs disposent, avec cette mallette, de toutes les ressources pour mener trois fois par an des réunions d'information avec les parents car les ressources numériques ne sauraient remplacer l'humain, la rencontre, l'échange. Il est en effet très important que les parents soient physiquement présents dans l'école pour accréditer aux yeux de leurs enfants l'importance qu'ils accordent à celle-ci. La coéducation suppose en effet le dialogue : nous devons mieux écouter les familles afin de construire un accompagnement personnalisé de chaque élève qui tienne compte de sa situation spécifique. Encore une fois, ce n'est en aucun cas dévoyer le métier de professeur que d'envisager cet aspect : nos élèves arrivent dans nos établissements, dans nos classes avec une expérience personnelle qui peut orienter leur relation à telle ou telle discipline, à telle ou telle modalité d'apprentissage. Il serait absurde et peu professionnel de ne pas en tenir compte, et, bien évidemment, ce sont en tout premier lieu les parents qui peuvent nous éclairer sur ces aspects. C'est également ainsi que nous redonnerons aux parents de la confiance dans notre école, en les écoutant, en les associant à la vie de l'établissement, en les considérant comme des acteurs éducatifs susceptibles de conforter le travail engagé en classe. Nous avons pour cela besoin d'association et de fédération de parents d'élèves constructives, à l'échelle locale comme à l'échelle nationale.

Vers l'école inclusive

Notre capacité à scolariser normalement les élèves en situation de handicap est révélatrice de la nature et de la qualité de notre école. Le président de la République et le gouvernement ont fait du handicap une priorité. Avec Sophie Cluzel, secrétaire d'État chargée des personnes handicapées, nous sommes très engagés pour rendre l'école plus inclusive. Par ailleurs, avec le quatrième Plan autisme lancé par le président de la République, le 6 juillet 2017, l'accueil des élèves avec troubles du spectre autistique (TSA) constitue une priorité particulière.

L'aide aux plus fragiles, l'acceptation de la différence, le respect d'autrui constituent le fondement de notre humanisme : notre école a vocation à accueillir tous les élèves et à assurer à chacun les meilleures conditions d'apprentissage.

Aussi, la République se doit d'aider les familles à trouver l'organisation la plus adaptée pour garantir la qualité de leurs apprentissages : cela relève d'un droit fondamental. En ce sens, c'est à la République de leur donner la place à laquelle elles ont droit.

Depuis la loi du 11 février 2005 pour l'égalité des droits et des classes, la participation et la citoyenneté des personnes en situation de handicap, l'école a fait beaucoup de progrès. Pourtant, je mesure les difficultés des familles dont les inquiétudes bien naturelles sont inutilement augmentées à cause de procédures trop lourdes, trop complexes, et de moyens qui ne s'inscrivent pas assez dans la durée. En 2017, pas loin de 300 000 élèves en situation de handicap étaient scolarisés dans nos établissements, soit une augmentation de 7,6 % par rapport à 2016. L'Éducation nationale a mis à la disposition des parents une ligne d'écoute pour les guider dans l'inscription de leurs enfants. Pour accueillir ces enfants, nous avons préservé les 50 000 contrats aidés qui sont chaque jour à leurs côtés afin de les aider à étudier dans de bonnes conditions. Il faut ajouter à ces personnels les personnels qui accompagnent les élèves (les AESH, pour accompagnants des élèves en situation de handicap), que nous avons portés de 22 000 à 30 000 à l'occasion de la dernière rentrée. Au total, ce sont 80 000 personnes qui accompagnent les élèves en situation de handicap cette année. L'un des enjeux principaux est d'accroître encore la professionnalisation de tous.

Beaucoup reste à faire, évidemment. Il nous faut en effet modifier l'organisation de la prise en charge du handicap à l'école pour aller au-delà du simple accueil. Cela passera par une formation initiale et continue de haute qualité sur le sujet du handicap pour nos professeurs comme pour les personnels spécialisés. La comparaison internationale nous permet de voir les méthodes des pays qui, aujourd'hui, réussissent mieux que nous en la matière. Ainsi, le Danemark et l'Italie s'organisent à partir de l'établissement. C'est à cette échelle, au plus près du terrain, que l'on doit faire coïncider la prescription d'accompagnement et les moyens humains que nous mobilisons.

C'est sur notre capacité à assurer la continuité de la scolarisation de la maternelle au lycée et au-delà que nous devons particulièrement porter nos efforts. Nous ne pouvons en effet pas placer les familles dans une constante incertitude, celle de la possibilité pour leur enfant de poursuivre leur scolarité, quand justement elles ont besoin de notre soutien et de stabilité. Cela suppose que nous mobilisions tous les acteurs : enseignants spécialisés, éducateurs, personnels médicaux et paramédicaux. Cela requiert surtout que nous passions d'une logique de structure d'accueil à une logique de parcours. 250 ULIS (unités localisées pour l'inclusion scolaire) vont être créées durant le quinquennat et en 2020 le nombre d'unités d'enseignement externalisé sera doublé. Avec Sophie Cluzel, nous agissons dans ce sens car nous devons faire aussi davantage évoluer nos organisations pour faire au moins aussi bien que les pays qui ont réussi à considérablement faire bouger les pratiques et les mentalités.

Politique de santé pour prévenir les risques

Mens sana in corpore sano. Nos élèves ne peuvent bien travailler et s'épanouir que s'ils sont bien dans leur corps. Cela passe d'abord par une bonne santé. Nous avons donc une politique de santé scolaire pour tous les élèves. Agnès Buzyn, ministre des Solidarités et de la Santé, et moi avons ainsi affirmé la volonté du gouvernement de renforcer le parcours de santé des enfants. L'école doit placer les élèves dans les meilleures conditions d'apprentissage. Pour cela, elle doit lutter contre les inégalités sociales qui ont parfois des conséquences sur la santé même des élèves. On ne peut en effet accepter que l'accès aux soins et à la prévention des risques sanitaires soit déterminé par l'origine sociale.

Aussi le gouvernement a-t-il placé cet enjeu au cœur de la stratégie nationale de santé pour offrir à tous les enfants, notamment aux plus fragiles, un suivi médical efficace qui permette de dépister, de guérir et de prévenir. Aujourd'hui en France, 12 % des enfants sont en surcharge pondérale et 3,5 % sont obèses. 16 % des enfants ont au moins une dent cariée non soignée. Ces chiffres varient considérablement en fonction de l'origine sociale et géographique.

Notre premier objectif relève du suivi. Comme l'a préconisé le Haut Conseil de la santé publique dont j'ai reçu l'avis au Conseil économique et social le 14 mars 2018, tous les enfants doivent avoir bénéficié, avant 6 ans, d'une visite médicale afin que soient détectés d'éventuels troubles visuels ou auditifs ainsi que les risques liés à l'exposition au tabac ou à l'obésité. C'est malheureusement loin d'être le cas aujourd'hui ! Les conventions signées entre les agences régionales de la santé et les rectorats ont donc été actualisées pour conduire ce travail commun. Entre 0 et 6 ans, la santé scolaire, la protection maternelle et infantile et la médecine générale vont mieux se coordonner pour détecter les troubles ou maladies risquant de perturber les apprentissages cognitifs. Ce dispositif a commencé à se déployer depuis janvier 2018 après une grande concertation qui a permis d'impliquer toutes les parties prenantes : les représentants des professionnels, les organisations syndicales, le Conseil national de l'Ordre des médecins, l'Ordre national des infirmiers.

Nous avons ainsi une vision plus concrète et plus complète de la santé des enfants, qui est le socle de leur bien-être et de leur réussite.

Développer la pratique du sport à l'école

Créer un cadre favorable à l'accomplissement et à la confiance en soi suppose également que nous ménagions des temps et des espaces pour la pratique du sport. Pierre de Coubertin en faisait la pierre angulaire d'une révolution pédagogique. Pour ma part, j'ai toujours pensé que si le sport et la musique étaient présents au quotidien dans notre école, bien des progrès en résulteraient naturellement. Nous bénéficions déjà de l'engagement et du dynamisme des professeurs des écoles et des professeurs d'éducation physique et sportive, dont la pédagogie est souvent très avancée. Avec eux, nous allons concilier le développement de la pratique physique et sportive pour tous et le haut niveau en créant 1 000 nouvelles sections sportives pour les porter à 4 000. N'oublions pas que nos futurs champions olympiques de 2024 sont aujourd'hui lycéens, voire collégiens. Le sport, qui intéresse nombre d'élèves, représente également une voie d'avenir qui offre nombre de débouchés. Afin d'aider ces élèves dans leur projet de formation, avec Laura Flessel et Frédérique Vidal, nous allons créer une filière « métiers du sport » que nous déploierons sur le cursus bac–3/bac+3 : cela permettra la création d'une spécialité de baccalauréat professionnel et d'un BTS « métiers du sport ».

La pratique sportive à l'école s'appuie également sur ce modèle associatif que sont l'USEP (Union sport de l'enseignement du premier degré) et l'UNSS (Union nationale du sport scolaire), forte d'un million de licenciés dans le second degré. Ces fédérations sont une possibilité offerte aux élèves de découvrir l'univers du sport en assumant des rôles gratifiants – je pense notamment au programme « Jeunes officiels », qui forme les licenciés UNSS aux différentes missions mises en œuvre lors de nos événements sportifs (jeunes arbitres, juges, coachs, mais aussi de jeunes organisateurs, secouristes, ou jeunes reporters). Aujourd'hui, ce programme compte 170 000 jeunes officiels certifiés (du niveau départemental au niveau national) sur l'ensemble des sports pratiqués. Nous allons faire monter en puissance le dispositif en visant l'objectif de former, sur les sept prochaines années, principalement en Île-de-France, 10 000 jeunes officiels qui seront majeurs en 2024 et pourront constituer un pool de volontaires déjà expérimentés et aptes à intégrer les équipes de bénévoles du comité d'organisation de Paris 2024.

Nous allons préparer notre jeunesse aux Jeux olympiques. Ces jeux permettront de rappeler que la joie dans l'effort, le dépassement de soi, l'excellence, l'amitié, la solidarité et le respect sont autant de valeurs que l'école partage avec l'idéal olympique. Durant les sept prochaines années, l'Éducation nationale va donc se mobiliser pour développer plus encore la pratique sportive et transmettre aux élèves ces valeurs positives qui leur permettront de se projeter dans l'avenir avec confiance. Nous en parlons souvent avec Laura Flessel. Nous sommes unis pour que l'esprit sportif irrigue toute notre vie scolaire. L'école sera mobilisée dans cette dynamique globale, avec tous les acteurs éducatifs et le sport scolaire, pour un grand projet, « Horizon 2024 ».

Cette mobilisation pour le sport et pour les valeurs qu'il véhicule alimentera le cercle vertueux de la confiance que je veux faire émerger à l'école afin de favoriser la réussite de nos élèves.

Développer l'éducation artistique et culturelle

Avec le sport, la culture est une dimension fondamentale de l'épanouissement des élèves. La culture à l'école n'est pas un accessoire de luxe ou un supplément d'âme. Placer l'éducation artistique et culturelle au cœur de l'école et de la cité, c'est en définitive énoncer un projet de civilisation, celui de l'édification de l'être humain par le beau, car le bien est toujours le produit d'un art. Il y va donc de notre capacité à humaniser ce monde toujours plus technologique. Quel lieu plus universel que l'école pour assurer l'accès à la culture de nos concitoyens ?

C'est pourquoi le président de la République a fait de l'éducation artistique et culturelle un élément du rebond français et nous a fixé un objectif : 100 % des enfants concernés par l'éducation artistique et culturelle. Cela passe par une fréquentation régulière des œuvres, par l'acquisition des connaissances, mais aussi par un important développement des pratiques artistiques, qui restent trop souvent réservées aux enfants des milieux les plus favorisés. Avec Françoise Nyssen, nous avons voulu placer l'éducation artistique et culturelle au cœur de l'école. Elle est une dimension essentielle de notre civilisation : songeons à notre littérature, si riche et si vivante ; à notre cinéma, d'une qualité et d'une diversité exceptionnelles ; à nos artistes, dont les œuvres rayonnent dans le monde entier. Plus que jamais, la culture revêt une grande importance alors que l'accès démultiplié offert par les écrans nécessite discernement et regard critique sur ce qui est proposé.

Notre action se déroule selon trois axes qui concourent à l'objectif de maîtrise des savoirs fondamentaux par 100 % des élèves : la pratique musicale, le livre et la lecture, et le théâtre. Pour marquer cette priorité, nous avons inauguré l'année par une rentrée en musique, organisée en un temps record grâce à la mobilisation des professeurs. Tout le monde a bien compris l'objectif de cette journée destinée à s'amplifier dans les années à venir : faire de la rentrée un moment de joie et d'harmonie collective pour changer le regard des enfants sur l'école. La musique est un instrument subtil de culture, de sociabilité, qui permet de faire appel à l'intelligence et à l'émotion : nous en avons fait le symbole d'une rentrée synonyme de bonheur.

Rentrée en musique au Chaudron – Saint-Denis de la Réunion – Vendredi 18 août

La rentrée sur l'île de la Réunion a lieu deux semaines avant la rentrée en métropole. Avec une partie de mon équipe, nous nous rendons sur place. Pour la première fois, nous allons voir fonctionner des classes de CP dédoublées. Quand nous arrivons à l'école Michel-Debré, dans la cour, des chœurs d'enfants se mettent à chanter. Les plus grands, guidés par leurs professeurs, entraînent les plus jeunes qui font leur première rentrée dans cette école. Voir et entendre ces enfants se mettre à chanter la chanson Marianne *composée par un compositeur réunionnais, Davy Sicard, furent pour nous tous un moment marquant d'intense fraternité et de joie.*

« Ô Marianne
Est-ce bien vous
Que je vois si souvent
En chacun de nous
Ô Marianne
Je suis si fier
De vous avoir pour Mère. »

La rentrée en musique a été prolongée par un « Plan chorale » qui a permis d'instituer un enseignement facultatif de chorale dans chaque collège de France. En parallèle, nous avons revivifié les chorales dans les écoles primaires en lien avec les institutions culturelles. Nous sommes en effet persuadés que la culture à l'école est un puissant moyen d'émancipation pour les enfants, et surtout un levier d'égalité fondamental quand on connaît l'inégal accès des familles à la culture.

Dès la rentrée, tous les collégiens de France seront en situation de choisir une option chorale de 2 heures. C'est un pas important pour arriver à un objectif plus général : la présence quotidienne de la musique dans nos écoles et nos établissements.

CHAPITRE 7

Faire confiance aux valeurs de la République

La mission de l'École de la République est de transmettre des savoirs et des valeurs. Les deux sujets ne sont pas étanches. Quand on transmet des connaissances, on transmet implicitement des valeurs, et quand on transmet des valeurs, on transmet implicitement des connaissances. C'est pourquoi j'ai souhaité faire du « respect d'autrui » un savoir fondamental au même titre que la lecture, l'écriture et le calcul. Ce « respecter autrui » rassemble l'essentiel de ce que nous avons à dire sur les valeurs. Si, dès l'école primaire, nous sommes capables de transmettre aux enfants le respect de l'autre, nous aurons agi en profondeur pour une société plus sereine et plus confiante. En effet, cultiver les aptitudes sociales des élèves permet d'ancrer dans leur esprit le respect de la communauté de destin qu'est la nation, et plus largement l'amour du genre humain. Cet enjeu est au cœur de l'idée républicaine comme au cœur de la classe qui d'ailleurs, à mes yeux, est une petite république où l'on apprend à s'écouter, à se comprendre, à coopérer et à apprendre ce qui se joue dans l'action collective. Par ce biais, nous transmettons les valeurs de la République : liberté, égalité, fraternité. Ce triptyque est un modèle d'équilibre qui conserve toute sa modernité en ce début de XXIe siècle. Nous devons donc l'enseigner explicitement dans les cours d'éducation morale et civique et l'inculquer implicitement par les connaissances que nous transmettons et notre capacité à faire respecter les règles communes.

C'est d'autant plus nécessaire que la République est confrontée aujourd'hui à des remises en cause inacceptables contre lesquelles nous devons lutter par un discours ferme, clair et ambitieux. Il s'agit de combattre tous ceux qui, aux valeurs de la fraternité, opposent un discours communautariste, qui prônent l'inégalité des genres et des races et qui piétinent la liberté par l'intolérance. Sur cette question, nous devons regarder la vérité en face pour agir car rien ne sert de minimiser les périls auxquels est confrontée notre société. Parce que les professeurs sont souvent en première ligne et qu'ils sont parfois démunis, nous devons les soutenir et les aider à répondre aux interrogations de certains élèves, voire aux contestations de notre modèle républicain.

Garantir la sécurité et le respect d'autrui

La question du climat scolaire est absolument fondamentale. Or les enquêtes internationales sont plutôt sévères pour nous sur cette question[1]. Il nous faut donc agir à la racine, dès l'école maternelle, par une action éducative volontariste. Pour apprendre le respect à nos enfants dès le plus jeune âge, cela suppose l'acceptation des règles de la vie en commun, *a fortiori* au sein de chaque école, de chaque établissement, dont les règles sont formalisées dans le règlement intérieur. C'est pourquoi les règles doivent être rappelées par tout le personnel de l'établissement qui concourt collectivement au respect de la loi.

Trop souvent, notre institution a été conduite, parfois par des malentendus ou de bonnes intentions, à consentir à ce que l'on appelle des « accommodements », à développer une fausse bienveillance

– en réalité une vraie démagogie – vis-à-vis des élèves : il est temps de cesser de faire du nombre de conseils de discipline un critère d'évaluation d'un établissement car c'est prendre le risque d'euphémiser les problèmes. Un conseil de discipline doit se tenir chaque fois qu'un fait grave a été commis. Car lorsqu'on ne fait pas respecter les règles, les principales victimes sont évidemment les plus faibles. Or, en république, la force doit toujours être du côté du droit. De même, en arrivant au ministère de l'Éducation nationale, j'ai été étonné par la trop faible remontée des signalements depuis les établissements. Certains responsables craignent en effet qu'on puisse leur reprocher la survenue de certains faits. Ils préfèrent parfois taire l'inexcusable et gérer en interne de graves manquements à la loi. J'ai demandé à tous les acteurs, notamment aux recteurs que je rencontre tous les mois, de changer cet état d'esprit. Est passé le temps où l'on mettait sous le tapis ces faits graves. Non seulement cela crée des situations incontrôlables, mais surtout ce n'est pas à la hauteur de la réponse nécessairement collective qu'il s'agit d'apporter.

C'est pourquoi nous avons créé une cellule ministérielle de veille et d'alerte, en lien constant avec les académies. Elle est immédiatement informée des situations difficiles et, grâce à l'expertise de son équipe pluricatégorielle, elle accompagne les académies dans la mise en œuvre de solutions rapides et adaptées. En parallèle, nous avons renforcé la prévention, le repérage et le signalement des processus de radicalisation. Sur cette question, nous devons faire preuve d'une vigilance de tous les instants.

Le respect vaut aussi pour les relations entre les adultes, notamment les professeurs et les élèves. Nous avons le devoir de protéger les personnels, d'assurer leur sécurité dans l'exercice de leurs fonctions. En ce domaine, qui est la condition absolue d'un enseignement serein, nous ne pouvons pas nous accoutumer à l'inacceptable et aucun renoncement ne pourra être toléré sur cette question. Il est impératif que les professeurs se sentent et soient soutenus. Ce qui signifie tout le contraire de l'impunité car, en tant que fonctionnaires responsables, ils doivent avoir un comportement exemplaire à l'égard des élèves et de leur hiérarchie. Quand l'école ne porte plus les valeurs républicaines, elle ne se porte plus elle-même.

Lycée Gallieni – Toulouse – 9 mars 2018

Au mois de décembre 2017, la situation du lycée Gallieni s'est brusquement dégradée. Celui-ci a été en partie détruit par l'explosion de l'usine AZF en 2001. Certains professeurs, qui ont connu la catastrophe, enseignent toujours dans l'établissement. Ils y sont viscéralement attachés, ce qui accentue leur désarroi devant les difficultés actuelles. Ils nous montrent d'ailleurs une lourde table en bois qu'ils ont tenu à garder et sous laquelle ils se sont réfugiés au moment du souffle. Le lycée a été depuis reconstruit et lors de son inauguration chacun était en droit d'espérer qu'il puisse être un lycée professionnel modèle capable de faire réussir les élèves des quartiers populaires au sein desquels il est situé. Mais peu à peu la situation s'est dégradée, comme toujours pour des raisons multiples qu'il n'est pas simple de démêler. Toujours est-il qu'à la fin de l'année 2017, le lycée est en crise. Un certain nombre d'élèves font régner la terreur, l'administration est dépassée et les professeurs découragés. Prévenu d'une situation hors de contrôle, j'envoie sur place une inspection qui me dresse quelques jours plus tard un tableau très inquiétant de la situation. Les médias s'en font l'écho à leur tour. Il y a un risque de mise en danger des personnels et des élèves, notamment des rares filles qui y sont scolarisées et qui craignent pour leur sécurité. Pourtant, le taux d'encadrement des élèves est très élevé : 1 adulte pour 6 lycéens. La défaillance vient d'ailleurs. Les professeurs lancent un appel au secours. Nous répondons. Nous prenons la décision de dépêcher au plus vite un nouveau proviseur expérimenté tandis que le DASEN, le responsable du département

et supérieur hiérarchique du proviseur, est également remplacé. La priorité est donnée à la stabilisation de la situation alors que des conseils de discipline sont organisés pour renvoyer ceux qui se sont rendus responsables de lourds manquements au règlement.
Le 8 mars, je décide de m'y rendre pour rencontrer les professeurs, pour envisager avec eux les moyens de sortir l'établissement de cette situation et surtout pour définir les leviers nécessaires au bon déploiement d'un projet d'établissement ambitieux. La discussion est très fructueuse avec des professeurs, des élèves et des parents d'élèves, investis et volontaires, qui avaient besoin d'être entendus puis d'être épaulés. Je veux qu'ils sentent que toute la République est derrière eux et qu'elle va les soutenir dans le projet éducatif qu'ils formuleront pour sortir de cette situation par le haut. La présidente de région, Carole Delga, est à mes côtés. Nous visons le même but. Et l'après-midi je retrouve Gérard Collomb à Toulouse pour exposer ensemble notre vision partagée de la sécurité autour des établissements.
Aujourd'hui la situation à Gallieni s'améliore. Il faut du temps pour reconstruire un climat scolaire apaisé. Mais le germe de la confiance est le plus puissant des vecteurs de réussite. Je sais qu'ils vont réussir et je reviendrai pour en être certain.

Les écoles et les établissements connaissent des menaces qui, pour être plus insidieuses, n'en sont pas moins un fléau. Je pense plus particulièrement aux phénomènes de harcèlement. Sur cette question, comme sur celle du handicap, j'ai toujours pu compter sur le soutien et l'engagement de Brigitte Macron, avec qui je me suis souvent entretenu de ces questions. Ensemble, nous avons participé à une journée de lutte contre le harcèlement à Dijon, le 5 mars 2018, dont le thème cette année concernait la libération de la parole. « Le harcèlement, pour l'arrêter, il faut en parler », tel est notre slogan. Le harcèlement est malheureusement une réalité que subissent beaucoup trop d'enfants et qui prend aujourd'hui une dimension nouvelle et plus grave encore avec le cyberharcèlement, qui ne laisse plus de répit à la victime, même après la fin de l'école. Sur cette question du cyberharcèlement et du harcèlement, l'indifférence, l'apathie, le « On ne peut rien faire » ne sont plus de mise. Il faut regarder la vérité en face, l'affronter avec discernement et une constante attention. Cela requiert une vigilance particulière de la part des professeurs sur les comportements des élèves, au sein et hors de la classe.

Contre ce fléau nous agissons en mettant à la disposition des victimes une ligne d'écoute, et surtout nous approfondissons notre politique de prévention. Dans chaque établissement, nous créons un référent harcèlement. Par ailleurs, nous développons une politique d'élèves-ambassadeurs qui sensibilisent leurs camarades aux problèmes de harcèlement.

Nous allons travailler sans relâche avec les associations pour combattre à la racine le phénomène.

Relever ce défi est une façon de bâtir l'école de la confiance car cela revient à changer les mentalités, à se fixer le bien-être des élèves et des adultes comme objectif, à éloigner la logique affaire du bouc émissaire que l'on voit malheureusement parfois à l'œuvre dans la cour de l'école pour aller vers les valeurs de solidarité et de l'inclusion qui sont celles de la République.

Limiter l'exposition de nos enfants aux écrans

L'école est un sanctuaire ouvert ; elle a ses règles spécifiques et propose une ouverture réfléchie sur le monde. Le téléphone portable nous interpelle précisément sur cette question. Il a envahi notre société, et son usage n'est pas sans conséquence, sur les relations sociales, sur l'obsession vis-à-vis d'un temps présent perçu désormais comme une urgence permanente. Nous le constatons tous, dans nos vies d'adultes ; imaginons ces effets sur une vie d'adolescente ou d'adolescent, aujourd'hui si dépendante de réseaux sociaux dont les effets peuvent parfois être dévastateurs tant ils peuvent se révéler être un instrument d'amplification des violences. Je suis convaincu qu'il faut ramener de la raison dans les usages du portable et que, pour ce faire, nous devons proposer à nos enfants une expérience de vie dont l'écran n'est pas le centre. Cela ne signifie pas que l'école s'affranchit du numérique : nous devons préparer nos enfants à l'avenir et donc les accompagner pour qu'ils développent des compétences numériques. Mais, avant cela, car c'est la base de tout, nous devons leur faire acquérir des capacités de raisonnement, développer leur esprit critique et leur culture générale afin qu'ils puissent appréhender en conscience l'univers technologique qui sera de plus en plus le leur.

Pour soutenir les équipes éducatives, nous allons donc inscrire dans la loi l'interdiction de l'usage du portable dans l'enceinte de l'école et du collège tout en préservant la possibilité par un professeur de l'utiliser à des fins pédagogiques, ce que la loi telle qu'elle est rédigée ne permet pas aujourd'hui. Cette mesure permet de responsabiliser les élèves et de leur faire comprendre qu'une utilisation trop importante du portable peut être nuisible. Elle est aussi le moyen de se réinvestir dans la vie collective de l'établissement et de partager le plaisir d'être ensemble dans la cour de récréation, à la bibliothèque, à la chorale ou dans les nombreux clubs qui accueillent les élèves durant la pause méridienne par exemple. De nombreux établissements expérimentent déjà cette interdiction, à la grande satisfaction des adultes comme des élèves. En cette fin d'année scolaire 2017-2018, nous allons donc faire voter une loi pour interdire l'usage du téléphone portable au collège. Chaque établissement pourra choisir les modalités mais le cadre sera clair et bénéfique pour tous les élèves.

Garantir la laïcité

Pour construire la liberté, l'égalité et la fraternité, il nous faut donc assurer sérénité et concorde. J'y ajoute souvent la laïcité car elle est notre trésor commun, une chance pour notre pays. Le président de la République l'a rappelé dans ses vœux aux autorités religieuses en janvier 2018 : ce sécularisme à la française est « un ciment puissant dans notre pays » et l'institution scolaire a le devoir de transmettre cette philosophie commune pour préserver la cohésion nationale. Certains sont tentés de décrier la laïcité française, qu'ils jugent originale, voire excessive. Signalons cependant que d'autres pays s'en inspirent pour répondre aux tensions qui traversent leurs sociétés. La laïcité bien pensée, bien conçue – et c'est le cas dans notre pays –, est un modèle précieux dans le monde tel qu'il vient où les populations, donc les religions, les croyances – ou les non-croyances – se mêleront toujours plus. Nous avons en effet besoin d'un contrat social qui fasse droit à la liberté de conscience de chacun et, en même temps, à la possibilité pour tous de vivre sans subir aucune pression des croyances d'autrui sur les siennes propres.

Nous devons être sans naïveté vis-à-vis de ceux qui cherchent à tester la solidité du pacte républicain. Pour les mettre en échec, nous devons être rigoureux et concrets pour nous donner les bons leviers. C'est pourquoi j'ai soutenu avec conviction devant les deux assemblées la proposition de loi de Françoise Gatel donnant à la République des outils plus efficaces pour s'opposer à l'ouverture d'écoles hors contrat lorsqu'elles sont le masque d'entreprises d'embrigadement des enfants. La liberté d'enseignement est un principe constitutionnel essentiel dont je suis le garant, mais, comme pour toute liberté, la loi doit prévenir tout abus qui irait à l'encontre d'autres libertés. Désormais, les motifs d'« ordre public » et de « protection de l'enfance et de la jeunesse » peuvent être invoqués par le recteur, notamment, pour s'opposer à une ouverture d'une école. Cette nouvelle loi s'accompagne d'un renforcement de l'organisation de l'Éducation que je mets en place pour mieux contrôler les abus.

Cette laïcité, que la loi de 1905 a instaurée, fonctionne parfaitement lorsqu'elle est bien expliquée et affirmée avec netteté. Aujourd'hui, des professeurs sont parfois désemparés devant la contestation du contenu de leurs cours ; certains établissements peuvent aussi se sentir seuls devant l'opposition au principe de la laïcité et notamment face à la volonté de quelques-uns de contester la loi de 2004 qui encadre, en application du principe de laïcité, le port de signes ou de tenues manifestant ostensiblement une appartenance religieuse dans les écoles, collèges et lycées publics. Nous voulons rompre avec cette solitude et faire en sorte que l'école puisse porter les valeurs de la science et la République ses idéaux. L'institution doit donc se tenir aux côtés de ceux qui éveillent chaque jour l'esprit critique des jeunes générations en transmettant les savoirs scientifiques et une culture commune autour des faits et de leur analyse. Notre responsabilité est dès lors de soutenir les personnels et de ne rien laisser passer qui pourrait remettre en cause cette mission fondamentale de l'école au service de la République.

C'est pourquoi j'ai voulu qu'à compter de janvier 2018, l'Éducation nationale se dote d'équipes académiques « Laïcité et fait religieux », qui sont joignables en permanence par tous les personnels grâce à un numéro vert. Ces équipes ont pour mission de former les personnels des établissements scolaires, de les épauler dans leurs missions quotidiennes et de les soutenir, en se rendant sur place – en cas d'atteinte sérieuse au principe de laïcité. Ces équipes sont appuyées par une équipe nationale, composée d'experts de l'Éducation nationale issus de différents domaines, qui aide les académies à mettre en place leurs équipes « Laïcité et fait religieux », les anime et leur apporte un appui opérationnel, notamment sur le plan juridique.

Sur ce sujet de la laïcité, la République doit être debout sur ses deux pieds, calme et sereine mais ferme sur ses principes, afin que la loi soit respectée. Ma philosophie sur ce point, comme sur les autres d'ailleurs, est de regarder avec calme et détermination la réalité en face sans sous-estimer ni surestimer les faits.

Le 9 décembre 2017, j'étais au lycée Samuel-de-Champlain à Chennevières-sur-Marne, dans le Val-de-Marne, pour installer, justement, l'équipe « Laïcité » de l'académie de Créteil. J'y ai assisté à une session de travail animée par un excellent professeur d'histoire-géographie avec un groupe d'élèves de première : il y fut question de la loi de 1905, de ses implications. L'ensemble fut expliqué nettement, pédagogiquement et sereinement. Les élèves étaient très satisfaits car on avait apporté des réponses à leurs questions bien légitimes. Voilà ce que nous devons rechercher : de la clarté, de la compréhension et le respect des principes républicains.

Tous les êtres humains, tous les enfants et adolescents sont en quête de sens, qu'ils aient une foi ou qu'ils n'en aient pas. En tout cas, ils se posent des questions métaphysiques ou des questions politiques ; et il est normal qu'ils puissent se sentir à l'aise avec ces questions et avoir le sentiment que l'École de la République ne les occulte pas. Il est tout à fait normal aussi que ces sujets soient traités à l'abri d'une règle qui vise à éviter tout prosélytisme, tout signe ostentatoire, toute pression tendant à imposer à l'autre des règles émanant de ses propres convictions. Cela semble très naturel à tout le monde, y compris aux enfants et aux adolescents, quelles que soient leurs origines et la situation de leur famille. C'est donc un véritable pragmatisme qui doit nous conduire à affirmer cette laïcité moderne, favorable à notre contrat social, au bien commun et aux libertés.

Le « respect d'autrui », c'est précisément le sens de la laïcité : le respect des convictions de chacun. Et sur ce point il n'y a rien à négocier. La République doit toujours avancer.

Afin de préciser la position de l'institution scolaire en matière de laïcité et de fait religieux, de cadrer intellectuellement et juridiquement notre discours, nous avons souhaité créer un Conseil des sages, dont les membres sont issus de tous les horizons. J'ai ouvert sa première réunion, le 8 janvier 2018, à l'occasion de laquelle j'ai précisé ses missions. Présidé par la sociologue Dominique Schnapper[2], ce Conseil des sages de la laïcité a vocation à éclairer l'institution et à l'aider à préciser sa position en matière de laïcité et de faits religieux. Il pourra s'appuyer sur la pluralité des points de vue en son sein et son travail collectif nous permettra d'éclairer des questions souvent complexes mais fondamentales pour notre pays.

Le Conseil des sages nous permettra ainsi d'avoir des réponses claires et valables pour toute la Nation aux questions qui se posent très concrètement aux acteurs de l'école.

Grâce au Conseil des sages et au Conseil supérieur des programmes, nous pouvons avancer pour qu'existe véritablement un enseignement laïc du fait religieux. En effet, la laïcité n'est pas plus un athéisme d'État que le lit de l'inculture religieuse. Elle correspond au principe de neutralité et se situe aux antipodes de l'ignorance. C'est d'ailleurs sur fond de méconnaissance de l'histoire et de la réalité contemporaine des religions que se déploie le fondamentalisme religieux. Nous avons besoin d'intégrer, notamment dans le cadre des cours d'histoire-géographie, une description des principales religions de notre pays. Nous favorisons ainsi la connaissance et la compréhension mutuelles. Cela concerne aussi par exemple l'histoire de l'art. Une bonne partie de notre patrimoine est incompréhensible à nos élèves s'ils n'ont pas un minimum de maîtrise de ces sujets.

La laïcité est un principe adapté au XXIe siècle. Elle résume et signifie le message explicite et implicite que nous voulons transmettre à tous nos élèves : « Vous êtes les enfants de la République. Vous y avez toute votre place. Respectez-vous, respectez autrui, respectez votre pays, cultivez le goût de la connaissance et l'avenir vous appartiendra. »

Conclusion

Une année, c'est beaucoup et c'est peu. Avec mon équipe et tous les personnels de l'Éducation nationale, nous avons voulu enclencher un cercle vertueux de la confiance par des mesures concrètes : scolarité obligatoire avancée à 3 ans pour souligner l'importance de l'école maternelle dans l'épanouissement des élèves et la préparation des apprentissages fondamentaux, dédoublement des CP en éducation prioritaire pour attaquer à la racine la difficulté scolaire, déploiement d'un volontarisme pédagogique qui bénéficie à tous les élèves ; évaluations en CP, en CE1 et à l'entrée en sixième pour permettre aux professeurs de mieux répondre aux besoins des élèves, clarification des programmes, progression annuelle, recommandations pédagogiques en grammaire, en vocabulaire, en lecture, en calcul et sur la résolution des problèmes pour une pédagogie explicite, progressive et rigoureuse, assouplissement de la réforme du collège, réforme du baccalauréat qui est simplifié et remusclé pour être un véritable tremplin vers le supérieur, avec dans la foulée une transformation du lycée qui accompagne mieux les élèves dans la conception de leur parcours.

À chaque fois la visée est la même, lutter pour plus d'égalité en tirant l'ensemble de notre système vers le haut avec une méthode assumée : garder ce qui marche et changer ce qui ne fonctionne pas. Les oppositions n'ont pas manqué de se manifester dès les premiers jours mais les soutiens ont été plus forts et plus nombreux. La logique de l'école de la confiance est décisive et j'espère qu'elle sera contagieuse parmi les acteurs. En effet, la société de confiance que nous voulons faire émerger tient précisément dans notre capacité à faire que l'aspiration légitime à la réalisation individuelle s'inscrive dans une dynamique collective. Dans ce lien entre l'individu et la société, entre les droits et les devoirs, entre la liberté, l'égalité et la fraternité, se noue notre contrat social. C'est pourquoi la question des valeurs est si essentielle à l'école. Sur ce point, aucun renoncement, aucune concession, qui serait inévitablement une compromission, n'est à attendre de notre part. La République est forte quand elle porte fièrement ses valeurs ; l'école n'est l'École de la République qu'à condition d'enseigner sur tout le territoire national cet esprit républicain hérité des Lumières qui fait de la perfectibilité de l'homme l'horizon collectif et permet à chacun de dessiner sa vie, d'en chercher le sens, moral et métaphysique.

Il nous reste encore beaucoup à faire au cours de ce quinquennat pour atteindre nos objectifs. Certains se réalisent à court terme. Par exemple, nous attendons beaucoup de l'amélioration de l'acquisition des savoirs fondamentaux dans les classes de CP à 12 et de l'aide que « Devoirs faits » apporte concrètement aux élèves et aux familles. Les premières évaluations sont en cours. D'autres se verront à moyen terme. C'est le cas par exemple du développement de notre politique d'internats. D'autres porteront leurs fruits à plus long terme comme la future réforme de la formation des professeurs.

Dans quatre ans, collectivement, nous devons avoir remporté une manche décisive sur la difficulté scolaire à laquelle sont confrontés trop d'enfants dans notre pays. Notre plus grande fierté sera de voir baisser le nombre d'enfants qui sortent de l'école primaire sans bien maîtriser les savoirs fondamentaux. Cette ambition est à notre portée car les enfants qui sont aujourd'hui en CP seront en CM2 à la fin du quinquennat. Je veux que l'on puisse dire que durant les quatre prochaines années, l'école les aura aidés à surmonter leurs difficultés en leur donnant confiance en eux-mêmes à la fois par de la bienveillance et de l'exigence. Le goût de l'effort et du travail bien fait sont au cœur de cette ambition. Je souhaite que dans quatre ans, les élèves qui sont aujourd'hui en sixième se disent qu'ils abordent le lycée avec toutes les chances de leur côté grâce à des savoirs fondamentaux consolidés, grâce aussi à une envie d'apprendre stimulée par la culture. Dans quatre ans, les élèves qui s'apprêtent à rentrer au lycée l'année prochaine auront suivi leur première année d'enseignement supérieur ou auront choisi un métier. J'attends des réformes des baccalauréats généraux et technologiques et plus généralement des lycées qu'elles leur permettent de mieux réussir dans l'enseignement supérieur. Un meilleur accompagnement, plus de liberté laissée dans le choix des spécialités, vont permettre aux élèves de travailler mieux ce qui les fera réussir dans la suite de leur parcours.

L'objectif de l'action ainsi fixée est conforme à ce que le président de la République et le Premier ministre m'ont demandé à mon arrivée : faire de l'école une véritable chance donnée à tous les élèves dans la diversité de leurs excellences. Nous y arriverons si nous sommes capables de nous rassembler autour de l'école et des professeurs, qui doivent être soutenus dans leur travail quotidien auprès des élèves. Nous y arriverons en portant fièrement la mission de l'École de la République. Il ne tient donc qu'à nous d'offrir le meilleur aux enfants en dépassant les clivages qui nous ont trop longtemps paralysés et en additionnant nos énergies pour élever nos enfants au plus haut de leurs talents.

Les champs de la connaissance n'ont jamais été aussi étendus. L'école doit donner aux enfants le moyen de s'y épanouir avec aisance et discernement. Les bouleversements technologiques qui sont devant nous, loin d'effacer l'acte fondamental de transmettre, mettront en exergue son utilité profonde pour une civilisation qui s'inscrit dans le temps long. L'école est un projet de société autant qu'un projet pour la société. Elle sera au cœur de notre siècle et c'est par elle que nous pourrons faire confiance au futur.

Annexes

1. Lettre aux professeurs et aux personnels de l'Éducation nationale – 6 juillet 2017

Mesdames et Messieurs les professeurs,

Mesdames et Messieurs les personnels de l'Éducation nationale,

En cette fin d'année scolaire, je tenais à vous adresser ces quelques mots pour vous remercier du travail que vous accomplissez quotidiennement auprès de vos élèves et pour partager avec vous l'esprit dans lequel j'aborde ma fonction de ministre de l'Éducation nationale au seuil de ce nouveau quinquennat.

Vous m'avez probablement déjà entendu et lu mais, aujourd'hui comme demain, je souhaite aussi pouvoir m'adresser à vous directement.

Ma première volonté est de vous exprimer mon respect et ma considération. Vous exercez la mission la plus noble qui soit, celle qui consiste à élever chaque enfant au meilleur de lui-même, par-delà et à travers toutes les différences et même toutes les difficultés.

Notre ministère est d'abord et avant tout celui de l'idéal. Nous avons tous choisi nos missions parce que nous croyons aux vertus de l'éducation pour que chaque personne se réalise.

La mesure de rentrée la plus emblématique est significative de cet idéal. En fixant clairement une priorité pour l'école primaire, le président de la République a souhaité que nous agissions à la racine des défis que notre système éducatif doit relever.

Nous voulons que tous les enfants sachent parfaitement lire, écrire, compter et respecter autrui grâce à ce qu'ils apprennent au cours des premières années de leur vie.

C'est la base de la culture générale, du sens critique et de l'esprit civique que l'école doit développer. C'est ce que la République doit à tous ses enfants ; c'est une exigence d'équité.

La division par deux des classes de CP en REP+ à la prochaine rentrée puis, à la rentrée suivante, de toutes les classes de CP et de CE1 en REP et REP+ est la pointe avancée d'une politique ambitieuse, volontariste, afin de donner à tous les enfants ce dont ils ont besoin, particulièrement quand ils affrontent déjà de nombreuses difficultés hors de l'école.

Notre ministère est ensuite le ministère de l'humain. Tout dépend des personnes que nous sommes. Si nous cultivons la confiance, l'esprit d'équipe, si nous savons associer tous les acteurs de l'éducation, à commencer par les familles, alors nous obtiendrons *ipso facto* des effets bénéfiques pour les élèves.

Notre engagement, notre ouverture, notre bonne volonté, notre exigence bienveillante ont valeur d'exemples pour les enfants et adolescents dont nous avons la responsabilité. Amener chaque élève au meilleur de lui-même, tel est le sens que nous donnons à l'excellence.

Notre ministère doit être aussi le ministère du savoir, de la science entendue au sens le plus large. L'idée de progrès est entrée en crise depuis plusieurs décennies sous l'effet d'inquiétudes et de menaces qui caractérisent notre monde. Et la question qui est posée à notre génération est bien : comment ce monde de plus en plus technologique peut-il être aussi plus humain ?

Les phénomènes les plus variés d'intolérance, de violence, de discrimination, de harcèlement, de transformation de la vérité semblent mettre en cause l'idée même de raison que notre pays porte pourtant avec fierté et qui va avec sa devise « Liberté, Égalité, Fraternité ».

La meilleure réponse viendra de l'éducation. L'Éducation nationale ne doit pas être sur la défensive mais à l'offensive devant toutes sortes de vicissitudes. Ce sera le sens de nombreuses évolutions pour vous soutenir dans votre travail quotidien.

La mesure « Devoirs faits », dès la rentrée prochaine, doit être ainsi significative de notre volonté de valoriser l'effort et le sens de l'autonomie des élèves tout en luttant contre les inégalités liées aux circonstances familiales.

Cette évolution, comme bien d'autres, obéit à une inspiration : la liberté nous mènera à plus d'égalité. C'est en vous donnant du pouvoir d'initiative, de la capacité d'agir, de définir un projet éducatif collectif à l'échelle de chaque école, de chaque établissement, que l'on répondra à tous les défis qui se présentent. C'est le sens de l'inflexion que nous avons voulu donner à la réforme du collège.

L'institution est là pour vous soutenir dans cet esprit constructif que nous devons mettre au service de nos élèves, au service de notre pays.

C'est pourquoi je souhaite progresser avec vous vers ce qui sera le concept clé de l'éducation au cours des cinq années à venir : celui d'« école de la confiance ». J'inscrirai cette action dans un temps long qui est celui de l'éducation.

Nous y parviendrons par une confiance réciproque de l'institution et de ses personnels et par une confiance de tous les acteurs les uns vis-à-vis des autres.

Nous obtiendrons *in fine* une plus grande confiance des élèves en eux-mêmes, une capacité à se projeter dans le futur.

Je vous proposerai toujours d'agir dans ce sens par la responsabilisation de chacun.

En attendant de traduire cela ensemble dans les faits, je vous adresse, une nouvelle fois, tous mes remerciements pour le travail que vous accomplissez et vous souhaite d'excellentes vacances.

Avec toute ma confiance,

Jean-Michel BLANQUER
Ministre de l'Éducation nationale

2. Lecture : construire le parcours d'un lecteur autonome

Former à la fois de bons lecteurs et des lecteurs actifs ayant le goût de la lecture fait partie des missions fondamentales de l'École. Accéder au sens des textes, et au plaisir que leur lecture procure, nécessite de conduire durant toute la scolarité obligatoire un travail régulier et structuré qui permette aux élèves d'acquérir des automatismes et de maîtriser les mécanismes de la lecture pour lire de manière fluide et aisée ; de développer de solides compétences de compréhension des textes permettant d'aborder les écrits dans tous les champs disciplinaires ; de découvrir des textes et des œuvres de plus en plus longs et ambitieux. Développer le goût pour la lecture, c'est aussi en faire un acte de partage et d'échange, au sein de la classe et de l'école et au sein des familles.

1 – Comprendre en maîtrisant le code alphabétique

L'entrée dans la lecture passe durant la petite enfance par l'écoute de textes lus par les adultes. Ce travail d'écoute et de compréhension de textes lus par les parents, le professeur ou des tiers est essentiel dans le premier lien affectif que l'enfant noue avec la lecture qui est ainsi, dès le plus jeune âge, à la fois un acte intime et un moment privilégié de plaisir partagé et d'échange. À l'école maternelle, parallèlement aux activités de découverte de la phonologie et du principe alphabétique, les élèves doivent entendre un récit au moins une fois par jour ; les textes choisis et lus par l'enseignant sont de plus en plus longs. Ils font l'objet d'un questionnement précis afin d'enrichir le vocabulaire des élèves et leur connaissance de la construction des phrases. Ce travail permet de préparer et de faciliter l'apprentissage systématique de la lecture à l'école élémentaire.

Durant le CP, dans le prolongement de la découverte et de la sensibilisation menées à l'école maternelle, les élèves apprennent à déchiffrer les textes par un travail systématique sur les correspondances entre les lettres ou groupes de lettres et phonèmes. Le professeur prévoit plusieurs fois par période les révisions et les activités variées nécessaires pour parvenir à un déchiffrage aisé et à une réelle automatisation de l'identification des mots à la fin du CP. Le travail de lecture, à voix haute et silencieuse, se poursuit tout au long de l'école élémentaire afin que les élèves lisent avec assez d'aisance pour poursuivre leur scolarité au collège. Au CE1 et au CE2, ce travail de lecture est constamment mené en lien avec l'écriture, le vocabulaire, la grammaire, l'orthographe et la compréhension. Comme le soulignent les recommandations issues de la conférence de consensus du CNESCO, *Écrire et rédiger*[1], les différentes activités d'écriture contribuent à consolider les compétences en lecture.

La lecture à voix haute est une activité centrale pour développer la fluidité et l'efficacité de la lecture, elle fait l'objet de temps réguliers dans les activités de français : à la fin de la classe de CE2, les élèves doivent être capables de lire à voix haute avec fluidité (avec exactitude et avec l'expression appropriée) après préparation, un texte d'une demi-page (soit entre 1 400 et 1 500 signes environ) d'un niveau syntaxique et lexical adapté à leur âge. Cette activité contribue à établir une relation entre l'identification des mots écrits et la compréhension.

À partir de la classe de CM1, les professeurs veillent aussi à ménager des temps significatifs de lecture silencieuse individuelle, non seulement lors des séances de français, mais aussi dans les différents domaines disciplinaires.

En plus de la lecture des œuvres et des documents étudiés en classe, c'est aussi à la lecture personnelle d'ouvrages librement choisis par l'élève qu'il faut consacrer une place dans le temps scolaire ; il s'agit là d'un temps constitutif des apprentissages, essentiel pour développer l'intérêt et le goût de l'enfant pour la lecture, et non d'un temps facultatif, qui ne concernerait qu'une partie des élèves ou qui serait placé à la marge des horaires scolaires. Des activités pour en rendre compte sous forme écrite ou orale sont organisées au sein de la classe.

Les heures d'activités pédagogiques complémentaires (APC) sont consacrées à des activités de lecture pour ménager plus de place encore à la lecture à l'école, notamment sous formes d'ateliers.

En cas de difficultés persistantes, les heures d'APC à l'école élémentaire et l'accompagnement personnalisé en classe de 6e permettent de mettre en place des solutions de remédiation adaptées à chacun.

2 – Comprendre le sens explicite et les implicites des textes

Dès l'école maternelle, le professeur s'assure toujours de la compréhension littérale du texte : elle est systématiquement explicitée par la reformulation, la paraphrase, le résumé. Puis le questionnement des textes, guidé par l'enseignant, conduit peu à peu les élèves à dépasser le sens littéral, à saisir l'implicite, à s'interroger sur les intentions sous-jacentes, à formuler des hypothèses et à proposer des interprétations. Ce travail d'analyse des textes a toujours pour finalité une meilleure compréhension, une appréciation plus fine des œuvres par les élèves et donc le développement de leur intérêt et de leur plaisir à se les approprier. Des approches trop technicistes et systématiques peuvent en effet nuire au sens des œuvres littéraires et aux émotions que leur lecture suscite.

Face à une œuvre ou un texte nouveau, les élèves apprennent à mener une première lecture d'ensemble, sans s'arrêter sur les éventuelles difficultés lexicales ou syntaxiques, à relire le texte dans son intégralité ou certains passages autant que nécessaire, à rechercher des informations importantes pour la compréhension globale (par exemple les personnages et leurs différentes désignations dans un texte de fiction), à utiliser enfin le contexte et leurs connaissances sur la composition des mots pour rechercher le sens d'un mot inconnu. Le professeur conduit aussi peu à peu les élèves à mobiliser leurs lectures antérieures et leurs connaissances et références littéraires (les personnages-types, les situations récurrentes…) ou encore les caractéristiques des genres littéraires abordés ; il mobilise des outils de la compréhension (inférences, métaphores, causalités, anomalies…).

Dès que les élèves sont capables de lire par eux-mêmes de petits textes, le travail de compréhension est conduit sur les lectures faites. À partir de la classe de 6e, il est une composante régulière du cours de français mais aussi des autres disciplines.

Les lectures proposées aux élèves sont diversifiées, allant des différents genres de la littérature de fiction à la poésie, aux œuvres documentaires, à la littérature d'idées et à la presse d'information et scientifique. Le professeur attire constamment l'attention des élèves sur la variété des textes et documents auxquels ils sont confrontés et les entraîne à adapter leur lecture aux caractéristiques de ce qu'ils lisent.

Au collège, les correspondances entre les périodes au programme en histoire et les programmes de français permettent aux élèves d'acquérir les repères d'histoire littéraire et culturelle nécessaires pour situer dans le temps les textes qu'ils lisent. Ces connaissances renforcent leur compréhension des œuvres du patrimoine lues et étudiées, développent leur conscience de l'existence d'un héritage culturel et contribuent ainsi à développer leur intérêt pour la lecture et la découverte de ce patrimoine.

3 – Comprendre des textes longs

Tout au long de la scolarité, à mesure que leurs compétences en lecture se développent, les élèves sont conduits à lire des textes de plus en plus longs et de plus en plus complexes sur les plans syntaxique et lexical. L'enseignant est particulièrement attentif à ces critères pour organiser une progression dans les textes et les œuvres proposés. Chaque année, les élèves lisent intégralement un nombre significatif d'œuvres, qu'elles soient étudiées en classe ou qu'elles soient des lectures cursives en lien avec les entrées du programme ou avec des projets interdisciplinaires. Les professeurs ne doivent pas préjuger des capacités ni du goût de leurs élèves pour la lecture de textes considérés comme exigeants et d'accès moins aisé. Que ce soit en raison de leur longueur, de l'ancienneté ou de la richesse de la langue utilisée, de la complexité des intrigues ou encore de la difficulté des thèmes abordés. Les professeurs les accompagneront et les guideront alors dans ces lectures.

Au cycle 2, du CP au CE2, de cinq à dix œuvres sont étudiées par année scolaire.

Au cycle 3, le nombre de lectures augmente significativement en même temps que commence à se construire et se structurer la culture littéraire des élèves ; sont ainsi lus en classe au moins :

- en CM1 : cinq ouvrages de littérature de jeunesse contemporaine et deux œuvres du patrimoine ;
- en CM2 : quatre ouvrages de littérature de jeunesse contemporaine et trois œuvres du patrimoine ;
- en 6e : trois ouvrages de littérature de jeunesse contemporaine et trois œuvres du patrimoine.

Chaque année du cycle 4, de la 5e à la 3e, l'élève lit :

- au moins trois œuvres complètes du patrimoine en lecture intégrale, qui sont donc étudiées en classe ;
- au moins trois œuvres complètes en lecture cursive, notamment de littérature de jeunesse, qui font l'objet de comptes rendus selon des modalités variées ;

– et au moins trois groupements de textes (étudiés en classe ou lus de manière cursive à titre complémentaire).

Les professeurs peuvent utilement s'appuyer sur les listes de référence publiées et périodiquement complétées et mises à jour sur le site EDUSCOL (école élémentaire, collège) pour enrichir leurs connaissances en littérature de jeunesse et faire des choix pertinents en fonction de leur projet pédagogique :
http://eduscol.education.fr/cid58816/litterature.html
http://eduscol.education.fr/cid105688/selection-2017-litterature-pour-les-collegiens.html

Afin d'aider l'élève à répartir de manière homogène ses lectures sur l'année et lui laisser le temps de s'approprier les textes les plus longs, les professeurs mettent à profit les congés de fin de semaine et les vacances pour indiquer des lectures et organiser les travaux qui peuvent les accompagner. Autant que possible, le choix de ce qu'il lit est laissé à l'élève à partir de la proposition de plusieurs ouvrages, dans le but d'éveiller sa curiosité et de stimuler son intérêt. À cette fin, les premières pages des œuvres proposées peuvent être lues en classe ; on peut également avoir recours à des fichiers audio de débuts d'œuvres ou d'extraits choisis s'ils sont accessibles. Les élèves sont encouragés à lire pendant les vacances d'été, à partir de propositions variées. L'opération « Un livre pour les vacances » permet aussi à tous les écoliers de CM2 d'accéder à un grand texte du patrimoine littéraire durant l'été et de partager cette découverte en famille.

4 – Partager ses lectures : le plaisir de lire et de mieux comprendre

La lecture régulière d'un texte devant un auditoire, la récitation ou l'interprétation en public d'un texte littéraire mémorisé permet de partager une œuvre avec les autres. Les élèves apprennent peu à peu à améliorer leur articulation et le volume de leur voix, à varier les intonations, à utiliser posture, regard, mimiques et gestuelle pour capter l'attention de l'auditoire.

Au fil des années, l'accent est d'abord mis sur la fluidité de la lecture ou de la récitation, puis sur le rythme et sur la projection de la voix, sur l'utilisation du langage corporel, et dans le cas d'un jeu à plusieurs, sur la prise en compte des partenaires. La préparation de la prestation est un véritable travail de compréhension, qui peut être mené individuellement ou collectivement, afin de rechercher les effets à produire sur l'auditoire et d'améliorer l'expressivité de la lecture ou du jeu.

L'École est aussi un lieu de présence, de partage et d'échange du livre (autre que le manuel scolaire), qui doit être constamment visible et accessible dans l'espace scolaire, dans le coin lecture de la salle de classe et dans les bibliothèques à l'école primaire qui se doivent d'être accueillants et chaleureux, dans les centres de documentation et d'information au collège qui facilitent l'accueil des élèves dans ce but. Les enseignants organisent et encouragent la circulation des livres. Ils associent, quand c'est possible, les élèves à la gestion du prêt des livres et à l'acquisition de nouveaux ouvrages.

Les professeurs des écoles peuvent s'appuyer sur l'expertise et les compétences des bibliothécaires du service public du livre pour enrichir et renouveler les fonds et les collections. Les élèves empruntent régulièrement des livres qui correspondent à leurs propres goûts, les lectures personnelles sont encouragées et des dispositifs sont prévus pour en parler en classe et pour partager ainsi ses découvertes et son plaisir de lire. Les élèves sont aussi incités à fréquenter les bibliothèques de proximité et les librairies.

Tout au long de leur scolarité, ils sont ainsi familiarisés avec les usages, les lieux et les acteurs du livre et de la lecture (écrivains, éditeurs, illustrateurs, libraires...) ; il s'agit de créer des habitudes, des réflexes, une proximité, particulièrement pour les enfants dont les familles sont éloignées de la culture de l'écrit. Autant que possible, prioritairement dans les petites classes de l'école primaire, avant que l'enfant n'acquière une certaine autonomie dans la lecture, les familles sont sensibilisées à l'importance de la lecture partagée en famille, et associées à l'acte de lire.

En parallèle, le ministère de l'éducation nationale soutient les associations qui œuvrent pour la promotion du livre et de la lecture à travers des actions éducatives conduites sur les temps scolaire et périscolaire, telle l'association *Lire et faire lire*, qui œuvre à la transmission entre les générations du goût de la lecture, ou encore l'association *Silence ! On lit*, qui aide les écoles et les établissements à organiser des moments de lecture en commun.

La lecture participe de l'acquisition des savoirs fondamentaux nécessaires à la réussite des élèves et à leur réalisation en tant qu'individus.

Le ministre de l'éducation nationale
Jean-Michel BLANQUER

3. Enseignement de la grammaire et du vocabulaire : un enjeu majeur pour la maîtrise de la langue française

La maîtrise de la langue française est fondamentale pour l'émancipation des élèves. La capacité des élèves à comprendre, à analyser le fonctionnement de la langue et à savoir appliquer les règles est indispensable, car elle conditionne leur accès à tous les enseignements disciplinaires. Elle commande leur réussite scolaire ainsi que leur insertion dans la vie sociale.

La scolarité obligatoire doit permettre de l'acquérir de manière solide et durable.

La difficulté à pratiquer la langue française, notamment à l'écrit, dans ses niveaux soutenu et même standard est constatée aussi bien dans le champ scolaire que dans les champs universitaire et professionnel.

Ce texte a donc pour objectif d'aider les professeurs à conduire un enseignement rigoureux, explicite et progressif de la grammaire et du vocabulaire. Il en affirme les enjeux et en propose les modalités.

1 – L'enseignement de la grammaire et du vocabulaire : des enjeux de compréhension et d'expression

La compréhension de l'écrit repose sur la fluidité du déchiffrage ainsi que sur un lexique riche et la maîtrise des règles de l'orthographe et de la grammaire. La qualité de l'expression, notamment écrite, découle de ces connaissances.

Dans toutes les activités qui sont menées en classe, que ce soit à l'oral ou à l'écrit, apprendre le vocabulaire permet de connaître le sens et l'orthographe des mots. Apprendre la grammaire (l'étude de la morphologie et de la syntaxe de la langue française) permet de comprendre les relations entre les mots.

- **Un enseignement effectif**

La leçon de grammaire ou de vocabulaire ne peut se résumer, en particulier au collège, à une série d'observations et d'activités ponctuelles à l'occasion de l'étude d'un texte. Aborder les notions grammaticales ou acquérir du vocabulaire au détour d'une activité plus globale de lecture ou d'écriture tend à faire croire que ces notions sont subsidiaires alors même qu'elles sont fondamentales pour écrire comme pour lire, comprendre et interpréter un texte.

À tous les niveaux de la scolarité obligatoire, l'enseignement de la langue est donc mené systématiquement, et la leçon de grammaire et de vocabulaire (découverte d'une notion grammaticale ou d'un mot, de son sens, de son étymologie comme de son histoire et leur appropriation par l'élève) doit être pratiquée conformément aux programmes, qui affirment la place importante des séances qui leur sont consacrées.

- **Un enseignement régulier et explicite**

Comme tout apprentissage, celui de la grammaire et du vocabulaire nécessite non seulement observation et réflexion, mais aussi régularité et répétition. L'enseignant veille donc à inscrire ces leçons dédiées à la langue dans l'organisation quotidienne de son enseignement et à les annoncer comme telles aux élèves. La fréquence de ces leçons spécifiques est détaillée *infra* selon les cycles.

Par ailleurs, cet enseignement ne se réduit ni à une liste de prescriptions, ni à un étiquetage stérile. Afin qu'elles soient comprises et mémorisées de manière efficace, il convient au contraire d'expliciter les normes grammaticales en partant des formes régulières avant de faire place, progressivement, aux exceptions. De même il est souhaitable d'expliciter les noms des classes de mots, des groupes syntaxiques et de leurs fonctions.

Au cours des leçons de vocabulaire, toute la richesse sémantique des mots et des expressions dans lesquelles ils sont employés doit être explorée et régulièrement révisée.

- **Un enseignement structuré et progressif**

La mise en œuvre de séances spécifiques de grammaire et de vocabulaire, sollicitant observation, manipulation, réflexion, mémorisation et automatisation doit être renforcée. Pour ce faire, il convient de distinguer entre les séances qui ont pour objectif la découverte et la compréhension des textes, les séances destinées à la mise en œuvre des connaissances sur la langue dans la pratique de l'écriture et les séances consacrées plus particulièrement à la structuration des connaissances. Chacune des séances laissera une place importante à l'oral des élèves avant de procéder à une institutionnalisation des connaissances.

La littérature est essentielle pour que l'enfant découvre le plaisir de la lecture. Cependant le texte littéraire ne doit pas être conçu comme un prétexte pour aborder une notion grammaticale. Les apprentissages grammaticaux n'ont pas à être soumis à une progression liée à des thématiques ou des enjeux littéraires : une telle progression est trop souvent contraignante et sans rapport avec la construction progressive des éléments constituant la langue, elle peut nuire à la structuration des connaissances des élèves. Il est donc nécessaire de prévoir en amont une progression annuelle globale de l'enseignement de la grammaire, fondée sur la complexité croissante et la complémentarité des notions à assimiler et des compétences à acquérir.

Quant au vocabulaire, si son apprentissage peut avantageusement être lié à l'étude d'un texte en particulier par le repérage du champ lexical d'une notion, il doit également faire l'objet de séances qui lui sont dédiées et favorisent ainsi, à l'oral ou l'écrit, la découverte du plaisir des mots.

- **Un enseignement équilibré**

Autant grammaire et vocabulaire doivent occuper une place définie dans l'ensemble de l'enseignement du français, autant il serait préjudiciable de ne pas respecter un équilibre entre ses différentes dimensions et de ne pas établir de lien entre ces séances spécifiques et l'étude des textes littéraires comme documentaires. Ces connaissances (lexicales et grammaticales) seront réinvesties lors de la lecture et de la production de textes, en classe de littérature et dans toutes les autres disciplines.

À l'école élémentaire en particulier, l'étude de la morphologie (notamment les conjugaisons) ne peut se faire aux dépens du temps consacré à celle de la morpho-syntaxe. C'est en effet par l'observation de l'organisation et du fonctionnement de la langue que différentes règles d'orthographe grammaticale prennent leur sens.

Grammaire et vocabulaire sont au service de la lecture et de l'écriture : les notions étudiées constituent en effet pour les élèves des outils tant pour mieux comprendre les textes et justifier des interprétations que pour améliorer leur expression écrite. Cette amélioration suppose donc une pratique régulière de l'écriture sous toutes ses formes et dans tous les champs disciplinaires.

Cet enseignement explicite et progressif de la grammaire et du vocabulaire apporte une aide particulière aux élèves les plus fragiles linguistiquement en leur donnant des points de repère, gages d'une plus grande assurance et d'une meilleure efficacité dans l'usage de la langue.

2 – Les connaissances et les compétences attendues en grammaire et en vocabulaire

Les programmes de français actuellement en vigueur sont conçus pour établir une continuité dans l'enseignement de la langue du cycle 2 au cycle 4. Ainsi les notions étudiées au cycle 3 figurent en nombre délibérément restreint pour permettre un apprentissage de la morphologie et du vocabulaire et poser les bases d'un enseignement de la syntaxe sur lequel l'accent doit être mis au collège. Il convient de s'assurer que ces notions sont acquises dans le cadre d'une progression équilibrée.

Pour faciliter l'établissement de cette dernière, les priorités en grammaire et des échelles lexicales feront prochainement l'objet de repères de progression annuels.

3 – Les modalités de l'enseignement de la grammaire et du vocabulaire

• **Les temps d'enseignement de la langue**

Au cycle 2 comme au cycle 3, l'enseignement de la grammaire et du vocabulaire s'appuie sur des leçons et activités spécifiques et régulières, dispensées chaque jour de la semaine tout au long de l'année scolaire et consacrées, pour la grammaire, à la construction de notions clairement identifiées. La répétition facilite la compréhension, la mémorisation et l'application des procédures. Elle fixe durablement les connaissances. Dans le cadre de la durée hebdomadaire moyenne consacrée à l'enseignement du français, il est nécessaire de consacrer au moins trois heures par semaine à un enseignement structuré de la langue, en cycle 2 comme en classe de CM1 et en classe de CM2.

Au collège, ces leçons de grammaire et de vocabulaire doivent être poursuivies avec une fréquence hebdomadaire pour une durée d'au moins une heure trente sur les 4 h 30 en classes de 6e, 5e et 4e et les 4 heures en classe de 3e consacrées chaque semaine à l'enseignement du français.

Cette fréquence s'accompagne d'une vigilance constante en matière de qualité de l'expression orale et écrite, d'une attention portée, par l'enseignant comme par l'élève, au respect des normes dans tous les domaines d'enseignement à l'école, dans toutes les disciplines au collège, dans les lectures et les écrits demandés aux élèves, dès le cours préparatoire, jusqu'à la classe de troisième et bien au-delà de la scolarité obligatoire.

• Les démarches pédagogiques pour l'enseignement de la grammaire

Au cycle 2 comme au cycle 3, la pratique d'exercices est quotidienne. Des activités systématiques d'entraînement et de réinvestissement succèdent aux activités d'observation. Les exercices proposés alternent des temps d'appropriation individuelle et des temps collectifs afin de permettre aux élèves de traiter ces exercices en commun et de réfléchir ensemble à cette occasion à des questions d'ordre grammatical qui éclairent souvent des questions orthographiques.

L'orthographe grammaticale est étroitement liée aux relations grammaticales entre les mots et aux formes verbales. Son apprentissage est conduit de manière à mettre d'abord en évidence les régularités du système de la langue auxquelles il faut s'entraîner et qu'il convient d'automatiser par l'intermédiaire d'exercices de mémorisation et d'application en faisant varier les contextes d'apprentissage. Cet apprentissage nécessite des séances relativement longues, par exemple à partir de corpus de phrases, qui permettent aux élèves d'observer les régularités orthographiques et d'apprendre les règles correspondantes. Elles sont accompagnées d'exercices destinés à mettre en place chez les élèves des réflexes et des automatismes.

Pour mener une séance de langue, le professeur peut mettre en œuvre différents dispositifs et modalités de travail. Parmi toutes les démarches existantes, il est utile de se référer, selon l'objectif, l'objet et le moment de l'apprentissage, à certaines pratiques de l'enseignement de la langue :

- **la démarche de la récurrence et de la répétition** correspond à une approche ritualisée qui repose sur la mémorisation, la restitution et l'automatisation. Certaines connaissances ou certains savoir-faire nécessitent une approche brève et récurrente. Les activités à proposer peuvent être la mémorisation de mots et de phrases, la dictée du jour, la lecture à voix haute de phrases complexes pour en faire repérer la structure et en comprendre ainsi le sens… Elles doivent trouver également toute leur place au collège ;
- **la leçon de grammaire respecte quatre étapes fondamentales** : la phase d'observation et de manipulation, la structuration et la formulation des règles, la phase de consolidation, de mémorisation et d'automatisation par un entraînement soutenu à l'utilisation des connaissances acquises et enfin l'évaluation. La multiplicité des exercices d'entraînement permet d'automatiser les mécanismes acquis et de garantir ainsi la solidité des connaissances grammaticales ;
- **le travail sur un corpus** (ensemble de mots, de phrases, d'énoncés sélectionnés à dessein par l'enseignant) engage l'élève, par l'intermédiaire d'activités de manipulation et de classement, à dégager une régularité, à identifier la notion à partir de l'observation. Le corpus d'apprentissage sert à proposer un modèle de réflexion ou un classement à partir d'un nombre suffisant d'informations ;
- **le travail en lien avec l'écriture** permet d'apprendre aux élèves, grâce aux indications données par l'enseignant, à réviser leur production en exerçant une vigilance orthographique et en mobilisant les acquisitions travaillées lors des leçons de grammaire.

Toute leçon de grammaire doit trouver son prolongement et son application dans des activités d'écriture aux formes variées : argumentation, invention, imitation dont l'objectif est aussi d'aider les élèves à s'approprier leur manière d'écrire ;

- **le travail en lien avec la lecture permet aux élèves d'exercer cette même vigilance orthographique et mobilisation des connaissances grammaticales pour comprendre avec exactitude.**

• Les démarches pédagogiques pour l'enseignement du vocabulaire

L'enseignement du vocabulaire s'appuie sur le sens des mots, l'analyse de leur formation et de leur polysémie, s'il y a lieu. Un corpus de fiches pédagogiques consacrées aux mots les plus présents dans les entrées de programmes et dans les consignes adressées aux élèves pour orienter leur travail est en cours d'élaboration. Ces fiches proposeront aux enseignants diverses approches pédagogiques pour amorcer l'étude des mots, apporteront les informations essentielles sur l'origine et l'histoire de chacun et proposeront des exercices et activités destinés à fixer le sens du mot et à favoriser son réemploi à bon escient. Elles fourniront des références littéraires et artistiques qui peuvent, *via* l'étude d'un mot, enrichir la culture personnelle des élèves.

En effet l'étude du vocabulaire ne se réduit pas à un catalogue de définitions : elle met en jeu l'enrichissement culturel de chaque élève ainsi que la notion de plaisir à découvrir un mot, sa singularité, ses sonorités, sa calligraphie…

L'enseignement du vocabulaire contribue également à la maîtrise de l'orthographe lexicale qui favorise l'automatisation de la reconnaissance des mots et l'accès à leur sens. Des séances courtes et régulières d'enseignement de l'orthographe lexicale sont quotidiennement consacrées à un travail de mémorisation des mots. La mémorisation des règles orthographiques mais aussi des mots irréguliers les plus fréquents doit être constante tout au long de la scolarité pour enrichir le vocabulaire des élèves. Les exercices d'épellation, ceux associant forme graphique et mémoire visuelle, ainsi que ceux portant sur le lexique peuvent y contribuer.

• **L'importance de la dictée**

La dictée, dans ses différentes modalités, offre aux élèves l'occasion de se concentrer exclusivement sur la réflexion logique et la vigilance orthographique que nécessite la transcription d'un texte qui leur est lu. Cet exercice présente l'avantage, pour les élèves, de travailler des compétences précises qui peuvent être identifiées, sériées et annoncées par le professeur. À titre d'exemple, lors d'une séance de dictée, l'élève portera son attention sur l'accord dans le groupe nominal qui a fait l'objet d'une leçon précédente ; une autre fois, il focalisera sa vigilance sur la morphologie verbale sans évidemment relâcher son attention sur les points étudiés précédemment.

Dès lors, les différentes formes de la dictée ont toutes leur place pour consolider l'orthographe lexicale comme l'orthographe grammaticale : auto-dictée, dictée de mots ou de phrases préparées, dictée raisonnée, dictée visant un contrôle des connaissances, etc.

À l'école élémentaire, l'exercice de la dictée doit s'installer quotidiennement.

• **L'évaluation**

La vigilance constante exigée pour la correction grammaticale ainsi que pour la variété et la précision du vocabulaire ne signifie pas que les autres qualités attendues pour un écrit ou un oral (imagination dans certains cas, rigueur du raisonnement dans un autre cas, etc.) soient minimisées ou que la prestation de l'élève soit trop lourdement pénalisée si des erreurs par rapport à la norme sont commises. La réflexion sur la nature des erreurs commises, sur leur importance respective et sur les critères d'évaluation qui en découlent est nécessaire en fonction de l'objectif d'apprentissage.

Il est par ailleurs nécessaire, au cours du cycle 4, d'avoir en perspective les attendus du diplôme national du brevet et notamment la place qu'occupe explicitement la maîtrise de la langue française dans les conditions d'attribution du diplôme. Outre les compétences exigibles formulées par le socle commun, la description des épreuves de l'examen (note de service n° 2017-172 du 22 décembre 2017) souligne en effet l'importance de la maîtrise de la langue française pour l'épreuve orale et celle des compétences langagières et de grammaire pour l'épreuve écrite. Les épreuves de cet examen fondent donc les exigences qu'il convient de satisfaire par l'enseignement dispensé en ce qui concerne la maîtrise de la langue française : les équipes pédagogiques doivent veiller notamment à entraîner régulièrement leurs élèves sur des sujets correspondant à ces attendus.

La direction de l'évaluation, de la prospective et de la performance (DEPP) et la direction générale de l'enseignement scolaire (DGESCO) préparent, en lien avec le conseil scientifique installé auprès du ministre de l'éducation nationale, la mise en œuvre d'évaluations de début d'année, notamment pour la classe de CE1 et la classe de 6e. Ces évaluations éclaireront les enseignants sur les acquis des élèves afin de leur permettre de construire une progression annuelle adaptée et de choisir les meilleurs outils pour un enseignement efficace de l'orthographe, du vocabulaire et de la grammaire.

Le ministre de l'éducation nationale
Jean-Michel Blanquer

4. Enseignement du calcul : un enjeu majeur pour la maîtrise des principaux éléments de mathématiques à l'école primaire

Dans le rapport remis au ministre de l'éducation nationale le 12 février 2018, le mathématicien Cédric Villani et l'inspecteur général de l'éducation nationale Charles Torossian ont souligné la nécessité de rééquilibrer et de clarifier l'enseignement des mathématiques, de lui donner une meilleure cohérence pour en augmenter l'efficacité.

Dans le cadre de cet enseignement, comme l'académie des sciences en 2007 puis le conseil national d'évaluation du système scolaire (CNESCO) en 2015, le rapport accorde une place centrale au calcul. L'acquisition du sens des quatre opérations dès la classe de cours préparatoire, l'enseignement effectif des grandeurs et mesures pour soutenir le sens des nombres et des opérations, le développement des automatismes de calcul par des pratiques ritualisées qui en favorisent la mémorisation, libèrent l'esprit des élèves et facilitent la résolution de problèmes, sont recommandées dès les premières années de l'école primaire (mesures 11 et 12).

Les auteurs du rapport précisent toutefois : « Il ne s'agit évidemment pas de se précipiter à poser les opérations, sans compréhension ou contexte, mais plutôt d'explorer des situations qui donnent du sens aux actions liées aux quatre opérations, de les mettre en action, puis d'évoluer progressivement vers les écritures mathématiques. [...] Cette mise en place est fondamentale et il faut prendre le temps nécessaire pour installer les quatre opérations en alternant le travail sur le sens (comprendre pourquoi on le fait, le mettre en actes puis en mots) et celui sur l'acquisition nécessaire des automatismes. »

L'objet de la présente note de service est de préciser les orientations pédagogiques qui s'inscrivent dans la lignée des recommandations concernant l'enseignement du calcul. Il s'agit d'en clarifier les différentes composantes pour aider les professeurs des écoles à construire un enseignement rigoureux et progressif visant l'acquisition par tous les élèves du sens des opérations ainsi que de connaissances de faits numériques incontournables et de procédures de calcul efficaces.

Ce travail commencé à l'école se poursuivra au collège.

Qu'entend-on par : enseigner « les quatre opérations » ?

Les quatre opérations mathématiques enseignées à l'école élémentaire sont l'addition (symbole « + »), la soustraction (« – »), la multiplication (« × ») et la division (« : » ou « ÷ »).

Il convient de ne pas confondre :

– l'opération mathématique : par exemple, pour l'addition : j'ajoute 14 et 35, j'obtiens 49. Sur des tout petits nombres et sans aucun formalisme, l'addition est abordée dès la moyenne section de maternelle (*j'ai 4 œufs j'en ajoute 2, maintenant j'en ai 6*).
– la symbolisation : 14 + 35 = 49, qui relève du cours préparatoire
– l'algorithme opératoire

$$\begin{array}{r} 1\ 4 \\ +\ 3\ 5 \\ \hline 4\ 9 \end{array}$$

, qui relève aussi du cours préparatoire.

L'apprentissage des quatre opérations à l'école primaire repose d'abord sur la compréhension du sens de ces opérations. L'apprentissage de l'usage du symbole mathématique associé et *a fortiori* celui d'un algorithme opératoire peuvent arriver dans un deuxième ou un troisième temps.

À l'école maternelle

Très tôt, l'enfant manifeste des compétences relatives aux quantités et à leur expression par des nombres[2]. La capacité à dénombrer et l'acquisition de la suite orale des nombres sont complémentaires.

À leur arrivée en maternelle, les élèves distinguent en général les très petites quantités (un, deux ou trois) mais le sens qu'ils ont de la cardinalité est encore intuitif. Pour cela, des activités qui ont spécifiquement pour but la construction de l'aspect cardinal des nombres sont proposées quotidiennement dès la petite section de maternelle. Des jeux (par groupes de deux ou trois), ou la résolution de petits problèmes dont l'énoncé est oralisé par le maître en s'appuyant sur un support toujours concret et tangible, sont proposés : aller chercher une quantité donnée d'objets, aller chercher le nombre nécessaire d'objets pour compléter une boîte dont le nombre de cases est donné ou connu *(J'en veux 6 et pour l'instant j'en ai 2, il m'en manque donc 4)*, déterminer le résultat d'un ajout fait derrière un écran noir *(j'en avais 4, j'en rajoute 2, combien en ai-je maintenant ?)*, etc.

À travers ces jeux ou problèmes qui amènent des décompositions et recompositions, les élèves mettent en œuvre le processus d'itération de l'unité (9 c'est 8 + 1), qui donne du sens à la relation d'ordre entre les nombres (8 c'est plus petit que 9, ou 8 c'est moins que 9) et contribue à construire l'aspect ordinal des nombres.

Toutes les occasions doivent être saisies (ou provoquées) afin de faciliter la mémorisation de la suite orale, qui doit être connue jusqu'à 30 en fin de grande section. La récitation collective comme les récitations individuelles doivent être encouragées. La mémorisation de comptines *(« un, deux, trois, j'irais dans les bois ; quatre, cinq, six,... »)* peut y contribuer.

D'autres activités, comme le repérage de la date sur un calendrier, permettent de se familiariser avec cette suite de nombres jusqu'à 30 et son écriture en chiffres. Mais à la maternelle, la suite des nombres est une simple liste ordonnée : le principe fondamental de la numération décimale de position n'apparaît pas encore à l'élève de grande section, qui ne perçoit pas que le nombre qui se lit « douze » s'écrit 12 car il est égal à 1 × 10 + 2 × 1.

Parallèlement à la découverte des nombres écrits dans les activités ordinaires de la vie de la classe ou dans les jeux, l'apprentissage du tracé des chiffres se fait avec la même rigueur que celui des lettres.

À l'école élémentaire

Mémorisation de faits numériques, calcul mental, calcul en ligne, calcul posé : toutes les formes de calcul mobilisent à la fois :

- **la connaissance de résultats mémorisés** tels les compléments à 10, les résultats des tables d'addition et de multiplication, les doubles et les moitiés, quelques décompositions remarquables *(100 = 25 × 4 par exemple)*, une parfaite compréhension des règles de la numération[3] et des manipulations simples qu'elle permet (*305 c'est 300 + 5, aussi 205 + 100 ; etc.*) ;
- **le sens des opérations** : mentalement, en ligne ou en colonne, ajouter deux nombres à trois chiffres ne peut être réussi si par

ailleurs on ne sait pas ce que signifie le verbe « ajouter » et il en est de même pour les autres opérations ;

– **des connaissances plus ou moins spécifiques du mode de calcul choisi** : pour du calcul mental ou en ligne, les propriétés de commutativité et d'associativité de l'addition et de la multiplication, la distributivité de la multiplication sur l'addition, sont indispensables ; pour du calcul posé, un algorithme propre à chaque opération doit être parfaitement maîtrisé.

Comme tous les apprentissages, celui du calcul demande du temps, pour découvrir, pour chercher, pour s'approprier, pour mémoriser, pour s'entraîner. Il s'agit donc d'y consacrer le temps nécessaire. Toutefois, pour que les élèves abordent le calcul avec confiance et succès, un enseignement explicite, construit en vue de l'atteinte d'objectifs précis à l'horizon d'une séquence, d'une année ou d'un cycle doit lui être consacré.

La mémorisation de faits numériques

La mémorisation de résultats est un processus lent qui s'étale sur plusieurs années. Des réactivations seront nécessaires au collège, pour consolider et éviter l'oubli, mais à la fin de l'école primaire les tables et les principaux résultats indiqués ci-dessus doivent déjà être parfaitement disponibles. Pour cela, **une programmation structurée, alliant rythme assez soutenu et réactivations très fréquentes est nécessaire.**

L'apprentissage des tables, notamment, doit débuter dès le cours préparatoire avec les tables d'addition, en commençant à mémoriser très tôt, dans les deux sens, les sommes de deux nombres égales à 10 ou moins de 10 (*7 + 3 = ? ou 6 + ? = 9*) et les tables des doubles de nombres inférieurs à 10, et se poursuivre au CE1 et au CE2 avec les tables de multiplication. Au cycle 3, des entraînements spécifiques mais surtout la mobilisation fréquente des résultats lors des activités de calcul mental, calcul en ligne et calcul posé, doivent en assurer la stabilisation.

L'apprentissage des faits numériques ne peut être simplement renvoyé aux familles dans le cadre des « leçons » ; il **doit faire l'objet d'un travail en classe.** Chaque résultat est d'abord exploré et construit en classe, récité et réinvesti, noté dans le cahier de référence en mathématiques. Dans un deuxième temps seulement un travail à la maison peut être demandé.

Par exemple, le résultat du produit 6 × 8 étant à apprendre, le maître demande d'abord à tous les élèves de chercher plusieurs façons de calculer 6 × 8 (6 × 4 + 6 × 4 = 24 + 24 = 48 ; 6 + 6 + 6 + 6 + 6 + 6 + 6 + 6 = 12,18,24,... 48 ; 8 + 8 + 8 + 8 + 8 + 8 = 16 + 16 + 16 = 32 + 16 = 48 ; 6 × 8 = 5 × 8 + 1 × 8 ; etc.), puis note au tableau toutes les procédures trouvées par les élèves, puis fait noter dans le cahier de référence le résultat et quelques procédures significatives, puis propose quelques calculs en ligne ou posés comme 616 × 8 ou 816 × 66, enfin demande aux élèves d'apprendre la table de 8 jusqu'à 6 × 8 sachant que les résultats 2 × 8, 3 × 8,4 × 8 et 5 × 8 ont déjà été travaillés.

Le calcul mental

Que ce soit sous forme d'activité décrochée de la séance de mathématiques ou bien intégrée à celle-ci, oralement, sur l'ardoise, sur feuille ou sur le cahier de brouillon, avec un support oral (le maître dicte) ou écrit (tableau noir, TBI, tablettes, ordinateurs, fiches,…), le calcul mental **doit faire l'objet d'une pratique quotidienne moyenne d'au moins 15 minutes.** On privilégiera **l'alternance** de séries de **séances d'entraînement courtes** (10 à 15 minutes) avec des **séances longues** (30 à 45 minutes) **visant des apprentissages procéduraux spécifiques.**

La construction des faits numériques relève dans un premier temps du calcul mental, mais la pratique du calcul mental s'appuie aussi sur **une bonne compréhension et une bonne connaissance de propriétés des nombres et des opérations** qui doivent être enseignées et formalisées. Les noms savants des propriétés des opérations (commutativité, distributivité, etc.) ne relèvent pas de l'école élémentaire. Les propriétés peuvent être énoncées à partir d'exemples prototypiques ou à l'aide de phrases utilisant un vocabulaire simple. Ainsi, on ne parlera pas de la commutativité de l'addition mais, après plusieurs observations de cette propriété, on énoncera qu'« *On ne change pas le résultat d'une addition si on change l'ordre des nombres* » et on donnera quelques exemples. Ensuite, la phrase notée sur le cahier de référence sera à nouveau énoncée à l'identique chaque fois que la propriété sera utilisée.

D'autres connaissances procédurales, comme par exemple « *pour multiplier par 5, je peux multiplier par 10 et diviser par 2* » relèvent du calcul mental et doivent aussi être enseignées et exercées.

Dès la fin du cycle 2 toutes les tables de multiplication doivent être sollicitées, ainsi que la commutativité et la distributivité de la multiplication sur l'addition et sur la soustraction, mais sur des petits nombres. Au cycle 3, les mêmes connaissances pourront s'appliquer à des nombres entiers un peu plus grands, et à des nombres décimaux.

Le calcul en ligne

Le calcul en ligne repose sur les mêmes principes que le calcul mental, mais le support de l'écrit permet d'alléger la mémoire de travail en notant des résultats intermédiaires et d'aborder ainsi des calculs sur des nombres un peu plus grands ou sur des nombres plus nombreux. Par exemple, ajouter trois nombres au lieu de deux ; ou multiplier un nombre décimal par un nombre entier au lieu de multiplier deux nombres entiers. Le calcul en ligne permet ainsi de soumettre aux élèves des calculs qui pourront être traités mentalement plus tard. Par exemple, le produit 6 × 48 peut être proposé dès la fin du cycle 2 comme calcul en ligne et au cours du cycle 3 comme calcul mental.

De nombreux compléments sur ces deux modes de calcul, mental et en ligne, sont disponibles sur EDUSCOL[4].

Le calcul posé

Le calcul posé repose sur la connaissance de faits numériques (tables) et sur celle d'algorithmes qui ne sont véritablement opératoires que s'ils sont parfaitement maîtrisés.

Ainsi les quatre algorithmes opératoires (pour l'addition, la soustraction, la multiplication, la division) doivent faire l'objet d'un enseignement précis, guidé et normalisé. Au début de l'apprentissage, le rythme doit être suffisamment soutenu afin que l'automaticité

– et donc le confort et la sûreté pour l'élève – puissent s'installer. Ensuite, à partir du CE1, la plupart des séances de mathématiques donnent l'occasion aux élèves de poser une ou plusieurs opérations.

Pour autant, une fois les principes de fonctionnement d'un algorithme d'une opération posée acquis par les élèves, le cadre privilégié pour l'entraînement à la mise en œuvre de cet algorithme est celui de la résolution de problèmes. Il faut ainsi éviter la pratique répétée d'exercices techniques sur des temps excessivement longs. Dans le même esprit, on évitera les exercices de calcul d'opérations posées trop longues comme par exemple la multiplication de nombres supérieurs à 1 000 ou la division par des grands nombres.

Pour la soustraction, le choix de l'algorithme (compensation ou cassage de l'unité de numération supérieure) relève de l'équipe d'école. On aura intérêt à conserver le même durant les quatre années concernées (du CE1 au CM2).

Pour la division, des étapes peuvent être envisagées, le nombre de calculs écrits (multiplications, soustractions, etc.) se réduisant progressivement.

La justification mathématique de la pertinence des algorithmes opératoires est d'une difficulté inégale selon l'opération :

– pour l'addition, la compréhension de l'algorithme relève stricto sensu de la compréhension de la numération décimale et à l'aide de matériel de numération (plaques, barres, cubes) puis par l'oralisation, le maître doit expliquer et justifier l'algorithme ;
– pour la soustraction, si c'est le choix du cassage de l'unité de numération supérieure qui est fait, comme pour l'addition le maître doit justifier l'algorithme par l'utilisation de matériel puis l'oralisation ; en revanche, si c'est le choix de la compensation

qui est fait, une justification peut être donnée, basée sur des écritures en ligne (75 – 29 = (75 + **10**) – (29 + **10**), c'est pour cela que l'on dit « 9 ôtés de 5 je ne peux pas, donc je fais 9 ôtés de 15 (ce qui revient à ajouter **une dizaine** à 75), je pose 6 et je retiens **1** ; 2 et **1** de retenue (ce qui revient à ajouter **une dizaine** à 29) qui font 3, 3 ôtés de 7 font 4 ») sans qu'il soit demandé à tous les élèves de mémoriser cette explicitation ;

– pour la division, une explication orale appuyée sur une écriture en ligne est possible pour une situation où les nombres sont petits et bien choisis (par exemple 642 : 3), la généralisation étant admise.

Calcul mental, calcul en ligne ou calcul posé ?

Il n'y a pas lieu d'opposer les différents modes de calcul. Chacun doit faire l'objet d'un entraînement spécifique. L'élève, lorsqu'il doit produire un résultat, par exemple pour une résolution de problèmes, doit pouvoir choisir le mode de calcul qui lui paraît, à lui, dans cette situation, avec ses connaissances, le plus sûr et/ou le plus rapide et/ou le plus facile.

Conclusion

La place du calcul dans l'enseignement des mathématiques est aujourd'hui reconnue unanimement et la nécessité d'acquérir des automatismes ne fait plus débat. Si la résolution de problèmes est bien au centre de l'activité mathématique, la familiarité avec les nombres et leurs propriétés, ainsi qu'une maîtrise minimale du calcul sont indispensables aux élèves pour qu'ils puissent appréhender le problème et appliquer leur intelligence à la recherche et à la poursuite des voies de résolution qui s'offrent à eux. Par ailleurs, la majorité des élèves aiment manipuler les nombres, calculer, c'est pour eux une forme de jeu. Enseigner explicitement et intensivement le calcul aux élèves revient en fait à leur offrir à la fois des outils pour la résolution de problèmes et la suite de leurs études et le plaisir de jouer avec les nombres.

Le ministre de l'éducation nationale
Jean-Michel BLANQUER

5. La résolution de problèmes à l'école élémentaire

Les enquêtes nationales et internationales mettent régulièrement en lumière les difficultés des élèves français en résolution de problèmes en comparaison des élèves des pays économiquement comparables. Les problèmes pour lesquels ces difficultés apparaissent sont généralement des problèmes en deux ou trois étapes, comme l'exercice suivant qui a été proposé en 2015, dans le cadre de l'évaluation TIMSS[5], aux élèves de fin de CM1.

Une bouteille de jus de pomme coûte 1,87 zeds.
Une bouteille de jus d'orange coûte 3,29 zeds.
Julien a 4 zeds.
Combien de zeds Julien doit-il avoir **en plus** pour acheter les deux bouteilles ?
Ⓐ 1,06 zeds Ⓑ 1,16 zeds Ⓒ 5,06 zeds Ⓓ 5,16 zeds

Pour ce problème, les élèves français ont obtenu le plus faible taux de réussite des pays de l'Union européenne participants, avec un score de 42 %, alors que le tiers des autres pays de l'Union européenne ont obtenu des scores de réussite moyens entre 62 % et 70 % et qu'un pays comme Singapour a même atteint 79 %[6].

Cet exemple met en lumière les difficultés qu'il convient de résorber. **La résolution de problèmes doit être au cœur de l'activité mathématique des élèves tout au long de la scolarité obligatoire.** Elle participe du questionnement sur le monde et de l'acquisition d'une culture scientifique, et par là contribue à la formation des citoyens. Elle est une finalité de l'enseignement des mathématiques à l'école élémentaire, mais aussi le vecteur principal d'acquisition des connaissances et des compétences visées.

L'objet de la présente note de service est de contribuer à la mise en place d'un **enseignement construit** pour développer l'aptitude des élèves à résoudre des problèmes. Cela nécessite de conduire, année après année, et dès le plus jeune âge, **un travail structuré et régulier** pour faire acquérir aux élèves les connaissances et compétences leur permettant :

- de comprendre le problème posé ;
- d'établir une stratégie pour le résoudre, en s'appuyant sur un schéma ou un tableau, en décomposant le problème en sous-problèmes, en faisant des essais, en partant de ce que l'on veut trouver, en faisant des analogies avec un modèle connu ;
- de mettre en œuvre la stratégie établie ;
- de prendre du recul sur leur travail, tant pour s'assurer de la pertinence de ce qui a été effectué et du résultat trouvé, que pour repérer ce qui a été efficace et ce qui ne l'a pas été afin de

pouvoir en tirer profit pour faire des choix de stratégies lors de futures résolutions de problèmes.

1 – Un enseignement structuré et explicite de la résolution de problèmes

Enseigner la résolution de problèmes nécessite de **concevoir une progressivité pour les problèmes proposés,** en commençant par des problèmes additifs élémentaires en une étape, avant de proposer des problèmes plus complexes (multiplicatifs élémentaires) et d'augmenter progressivement le nombre d'étapes des problèmes proposés.

Au sein d'une même catégorie de problèmes, une progressivité doit être établie : par exemple, au sein des problèmes additifs élémentaires en une étape, les nombres en jeu ou l'aspect dynamique ou non de la situation peuvent ajouter de la complexité pour les élèves. Les quatre problèmes suivants, bien que faisant tous appel à une soustraction et à des nombres inférieurs à 50, sont d'une difficulté inégale pour les élèves.

- *Léo et Lucie ont 43 billes à eux deux. Léo a 6 billes. Combien Lucie a-t-elle de billes ?*
- Lucie avait 43 billes ce matin. Elle a perdu 6 billes pendant la récréation. Combien a-t-elle de billes maintenant ?
- Lucie avait 43 billes ce matin. Elle a perdu 37 billes pendant la récréation. Combien a-t-elle de billes maintenant ?
- Lucie a gagné 6 billes à la récréation. Maintenant elle a 43 billes. Combien de billes avait-elle avant la récréation ?

Les différents types de problèmes se résolvant par une même opération doivent être rencontrés et explicités aux élèves, selon une programmation réfléchie tenant compte des différents niveaux de difficulté et de l'impératif de ne pas laisser s'installer une vision réductrice du sens des opérations. La soustraction, par exemple, ne doit pas être assimilée à la seule situation de retrait.

Un enseignement explicite de la résolution de problèmes doit s'appuyer sur des temps spécifiques qui structurent les savoirs et compétences travaillés : **des références construites avec les élèves et notées** dans les cahiers prévus à cet effet (cahiers de référence en mathématiques) permettent de garder traces de l'aboutissement du travail effectué. Ces références peuvent être des résolutions de problèmes types sur lesquelles les élèves pourront s'appuyer lors de séances ultérieures pour résoudre correctement d'autres problèmes proposés. Références « construites avec les élèves » ne signifie en rien qu'il s'agit de productions imparfaites ; bien au contraire, il s'agit de modèles dont les élèves pourront s'inspirer pour leurs propres travaux. Ces exemples-types doivent servir de références systématiques lors des résolutions de problèmes ultérieures (« c'est comme... »). Idéalement, ces références seront communes à l'école, voire au réseau d'écoles, pour permettre de les utiliser pendant plusieurs années.

La formalisation de ces exemples-types doit être l'occasion **d'introduire des représentations**, sous forme de schémas bien adaptés, permettant **la modélisation** des problèmes proposés. Ces représentations sont systématiquement utilisées lors des résolutions de problèmes menées face à la classe, afin de servir de référence aux élèves. Elles ne sont bien sûr jamais rendues obligatoires (en particulier pour les élèves en réussite qui n'en ont pas besoin), mais doivent servir de point d'appui, lors des séances d'enseignement, avec les élèves rencontrant des difficultés lors de la résolution d'un problème.

L'objectif n'est pas d'établir un catalogue détaillé de typologies de problèmes pouvant exister, dont l'usage serait inopérant pour les élèves, mais au contraire de **réunir les problèmes dans des catégories aussi larges que possibles en faisant des analogies**, par exemple, entre les problèmes pouvant s'appuyer sur les mêmes représentations. Ainsi, les quatre exemples de problèmes proposés ci-dessus peuvent correspondre à un même « modèle » : indépendamment de l'aspect dynamique ou non de la situation, il s'agit en effet, à chaque fois, d'un ensemble partagé en deux parties. Le cardinal de l'ensemble et celui d'une partie sont connus et le problème a pour objet de déterminer le cardinal de la seconde partie.

Les représentations schématiques associées à ces quatre problèmes peuvent ainsi prendre la même forme et correspondre au même « modèle » :

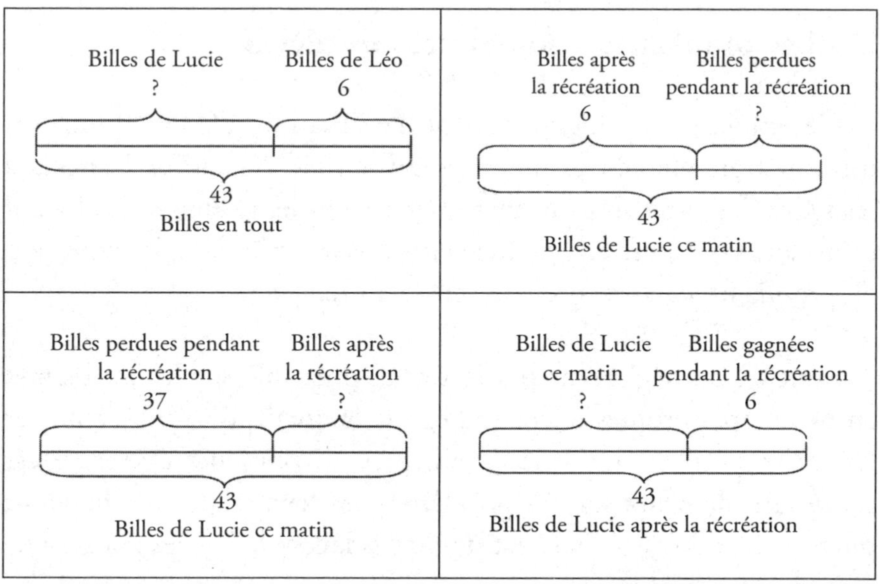

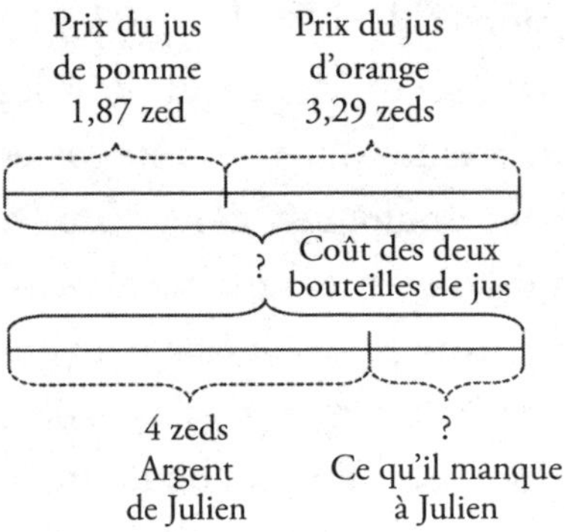

Comme on peut le voir ci-contre, la résolution du problème issu de l'évaluation TIMSS peut s'appuyer sur une représentation schématique similaire à celle utilisée ci-dessus dans les quatre problèmes donnés en exemples au point 1. La compréhension peut ainsi en être facilitée.

D'autres types de représentations pouvant aider les élèves à la modélisation des problèmes à résoudre peuvent être proposés : dessins, diagrammes, graphiques, etc.

2 – Les problèmes à soumettre aux élèves

L'exemple du problème issu de l'évaluation TIMSS donné en introduction met en lumière les difficultés des élèves français à résoudre des problèmes numériques en plusieurs étapes. L'objectif prioritaire doit donc être de former les élèves, très tôt, à la résolution de problèmes élémentaires de cette nature.

Tout en ne négligeant pas le travail préalable sur les problèmes en une étape, briques élémentaires sur lesquels pourront s'appuyer les élèves pour résoudre les problèmes en plusieurs étapes, **il est important de proposer des problèmes en deux étapes dès le début du cycle 2**[7] : l'objectif visé est de ne pas laisser les élèves penser que résoudre des problèmes se limite à « trouver la bonne opération » ou « avoir de la chance » en prenant les deux nombres de l'énoncé et en choisissant une opération au hasard.

Des problèmes qui ne sont ni additifs ni multiplicatifs peuvent également être proposés aux élèves, en particulier au cycle 3, comme, par exemple, des problèmes qu'il faut résoudre par la méthode essai-erreur[8].

Ces problèmes ne doivent pas apparaître de façon isolée, mais être inscrits dans des séquences d'apprentissage au sein desquelles plusieurs problèmes pouvant être résolus par la méthode visée sont proposés. Il convient d'assigner à chaque séquence un objectif d'apprentissage précis ; dans l'exemple de la méthode essai-erreur, il s'agit d'apprendre à chercher, en tâtonnant, en faisant des essais successifs. L'acquisition de la méthode enseignée ou de la démarche visée, dont les cahiers de référence gardent la mémoire, devra ensuite être renforcée par une rencontre régulière de problèmes permettant de la mettre en œuvre au cours des périodes et des années suivantes.

3 – La mise en œuvre dans la classe

L'enseignement de la résolution de problèmes peut s'appuyer sur des temps d'échanges collectifs, permettant d'émettre des hypothèses, d'élaborer collectivement des stratégies, de confronter des idées et d'en débattre, de proposer des méthodes de résolution ou encore de soumettre à la classe des problèmes créés par les élèves eux-mêmes. Ces temps collectifs permettent également de contribuer à développer une meilleure expression orale des élèves. Néanmoins, lors des séances de résolution de problèmes, **la priorité doit être donnée aux temps pendant lesquels les élèves résolvent effectivement eux-mêmes des problèmes.**

La recherche de solutions de problèmes peut être menée à plusieurs, en invitant les élèves à collaborer, par binôme ou par groupes de trois ou quatre élèves. Il est néanmoins nécessaire d'accorder d'abord aux élèves un temps de travail individuel en amont de la mise au travail par groupe, afin de leur permettre de s'approprier le problème chacun à leur rythme et ainsi faciliter l'engagement de tous les élèves dans la tâche de résolution.

Lors des temps de recherche individuelle ou par groupe, l'enseignant doit veiller à circuler dans les rangs pour consulter les productions de chacun des élèves afin de pouvoir :
– encourager leur mise en recherche ;
– relancer le travail des élèves bloqués, pour des raisons mathématiques ou non, en posant des questions pour les aider à s'approprier l'énoncé, en invitant à faire un dessin ou un schéma, en proposant du matériel ;
– inviter des élèves à utiliser les ressources à leur disposition (cahier de référence ou affichages) ;
– demander à des élèves ne trouvant pas la même chose de comparer leurs résultats et leurs procédures pour se mettre d'accord ;
– accompagner plus longuement des élèves ayant des besoins spécifiques ou des difficultés particulières ;
– etc.

« Modéliser » et « calculer » sont deux compétences fondamentales pour la résolution de problèmes à l'école élémentaire qui doivent guider l'action de l'enseignant pour aider les élèves à surmonter leurs difficultés. En effet, lors de la résolution de problèmes, les principales difficultés rencontrées peuvent relever de :

– difficultés à « modéliser » : l'élève n'arrive pas à faire le lien entre le problème posé et le modèle mathématique dont il relève, il ne comprend pas le sens de l'énoncé ou il ne propose pas de solution ou encore la solution proposée ne s'appuie pas sur les opérations attendues ;
– difficultés à « calculer » : les calculs effectués, mentalement ou en les posant, sont erronés, la ou les erreurs pouvant être dues à une méconnaissance de faits numériques ou à une maîtrise imparfaite des algorithmes de calcul utilisés.

On retrouve ces deux cas dans les exemples ci-dessous :

Difficultés à « modéliser »	Difficultés à « calculer »
Lise a 10 €. Le magazine qu'elle aime coûte 3,49 €. Un stylo coûte 1,29 €. Combien lui manque-t-il pour acheter deux magazines et trois stylos ? 	**Lise a 10 €. Le magazine qu'elle aime coûte 3,49 €. Un stylo coûte 1,29 €. Combien lui manque-t-il pour acheter deux magazines et trois stylos ?** 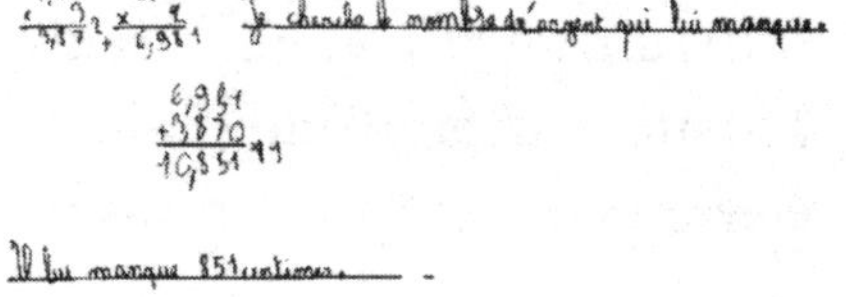

Les actions de remédiation sont fondamentalement différentes dans les deux cas. Dans le premier cas, un travail important devra être mené pour s'assurer que les élèves concernés comprennent effectivement l'énoncé et soient en mesure de le reformuler. Ils peuvent être invités à effectuer une représentation de la situation ou même à reproduire la situation en utilisant un matériel approprié, comme des images représentant les articles achetés et de la monnaie factice. Dans le second cas, la modélisation est correcte, les élèves concernés peuvent simplement être invités à travailler avec d'autres élèves ayant également modélisé correctement la situation, pour vérifier si leurs résultats sont plausibles, comparer les calculs effectués et échanger afin de se mettre d'accord sur le résultat à trouver.

Lors des temps de recherche individuelle, il est important de veiller à ce qu'une sur-sollicitation de l'enseignant par les élèves ayant le plus d'appétence et de facilités pour les mathématiques ne le conduise pas à répartir ses interventions d'une façon qui ne correspondrait pas aux besoins des élèves.

Lors d'une séance de mathématiques, tous les problèmes traités n'ont pas nécessairement besoin de faire l'objet d'une mise en commun en fin de séance. En effet, si tous les élèves ont réussi à traiter de façon satisfaisante un problème donné, la validation de ces réponses dans les cahiers en circulant dans les rangs doit être suffisante. De même, si seuls un ou deux élèves n'ont pas réussi à traiter un problème donné, une action spécifique auprès de ces élèves peut être plus efficace qu'un échange en classe entière.

Si l'objectif fixé en donnant un problème à résoudre **est de faire émerger une procédure de résolution particulière ou une représentation-type** et qu'aucun élève ne fait ce qui est attendu, l'enseignant ne doit pas renoncer à ce modèle ou attendre qu'il émerge nécessairement d'un élève de la classe. Il peut le proposer lui-même, par exemple en le présentant comme une méthode utilisée par un élève l'année précédente, en invitant les élèves de la classe à discuter de la justesse et de la pertinence de la résolution proposée.

La présentation à la classe d'une proposition de résolution d'un problème peut se faire de façon très efficace grâce aux outils numériques, en projetant sur écran ou tableau numérique la proposition d'un élève et en invitant celui-ci à expliciter oralement sa solution. Ces outils peuvent aussi permettre de projeter plusieurs solutions pour les comparer et permettre à la classe d'évaluer à la fois la justesse des résolutions et leur efficacité. Si la salle de classe n'est pas équipée de façon idéale, d'autres procédures de mises en commun peuvent être envisagées, comme la vidéo-projection d'une photo de la solution d'un élève ou, à défaut, la copie de tout ou partie de la résolution proposée.

4 – L'évaluation des acquis des élèves

Tout au long de la scolarité, des évaluations régulières doivent permettre de s'assurer de l'acquisition, par tous les élèves, des connaissances et compétences relatives à la résolution de problèmes visées par les séquences qui viennent de s'achever, mais aussi de s'assurer que les compétences et connaissances travaillées lors des périodes et années précédentes sont bien toujours présentes.

Conclusion

La résolution de problèmes, au centre de l'activité mathématique, engage les élèves à chercher, émettre des hypothèses, élaborer des stratégies, confronter des idées pour trouver un résultat. Qu'elle soit proposée individuellement ou collectivement en invitant les élèves à collaborer avec leurs pairs, la tâche de résolution de problèmes **permet aux élèves d'accéder au plaisir de faire des mathématiques.**

Le ministre de l'éducation nationale
Jean-Michel BLANQUER

Notes

Introduction

1. Michel de Montaigne, *Essais*, livre III, chapitre 6 (« Des coches »), 1588.
2. Emmanuel Kant, *Qu'est-ce que les Lumières ?*, 1784.
3. Paul Valéry, *La Crise de l'esprit*, première lettre, 1919.
4. Discours du Pré-Saint-Gervais, 1913.
5. Jean-Michel Blanquer, *L'École de la vie*, Paris, Odile Jacob, 2014.
6. Jean-Michel Blanquer, *L'École de demain*, Paris, Odile Jacob, 2016.

PREMIÈRE PARTIE

Donner confiance aux élèves

1. *Dictionnaire de pédagogie*, rééd., Paris, Robert Laffont, 2017, p. 226.

CHAPITRE 1

La maternelle, l'école de l'épanouissement et du langage

1. Betty Hart et Todd Risley, « The early catastrophe », *Education Review*, 2004, 77-1, p. 110-118.
2. Le poète et essayiste libanais Salah Stétié l'a très bien exprimé dans sa conférence « Le français, une salve d'avenir » : « L'identité est profondément liée à la langue et vice versa. [...] C'est en effet la langue qui modèle, de chacun, les structures intellectuelles et mentales » (« Le français, une salve d'avenir », colloque « La langue française est-elle un agent actif de la restauration de l'identité culturelle ou bien

porte-t-elle en elle le risque d'une aliénation de cette identité ? », Liban, Université de Balamand, avril 2007).
3. L'un de ses derniers livres est particulièrement éclairant à ce sujet : *École et résilience,* Paris, Odile Jacob, 2007.

CHAPITRE 2

L'école élémentaire, le creuset des fondamentaux

1. Simone de Beauvoir, *Mémoires d'une jeune fille rangée*, Paris, Gallimard, 1958.
2. www.ipp.eu/publication/n28-la-taille-des-classes-influence-t-elle-la-reussite-scolaire/.
3. Cf. *Lire, écrire et être libre. De l'alphabétisation à la démocratie*, Paris, Odile Jacob, 2015, et *L'Art de lire*, Paris, Odile Jacob, 1994.
4. « D'une manière plus nette encore et quasi matérielle, on pourrait déterminer les différents âges d'une science par la technique de ses instruments de mesure » (Gaston Bachelard, *La Formation de l'esprit scientifique*, Paris, Vrin, p. 216).
5. De Stanislas Dehaene, voir notamment *Apprendre à lire. Des sciences cognitives à la salle de classe*, Paris, Odile Jacob, 2011 ; *Les Neurones de la lecture*, Paris, Odile Jacob, 2007 ; et *La Bosse des maths*, Paris, Odile Jacob, 2010.
6. Jean-Émile Gombert, Pierre Lecocq, Liliane Sprenger-Charolles et Daniel Zagar, *Psychologie cognitive de la lecture*, Paris, PUF, 1992.
7. Jérôme Deauvieau, *Lecture au CP : un effet-manuel considérable*, rapport de recherche, novembre 2013 ; et avec Janine Reichstadt et Jean-Pierre Terrail, *Enseigner efficacement la lecture. Une enquête et ses implications*, Paris, Odile Jacob, 2015.
8. *Écrire et rédiger. Comment guider les élèves dans leurs apprentissages*, CNESCO, 2018.
9. À Paris le 21 septembre 2017, à Nantes le 9 octobre, à Strasbourg le 13 octobre, à Toulouse le 24 novembre, à Amiens le 30 novembre et à Lyon le 18 décembre.
10. www.culture.gouv.fr/Espace-documentation/Rapports/Rapport-Voyage-au-pays-des-bibliotheques.-Lire-aujourd-hui-lire-demain/.
11. http://cache.media.education.gouv.fr/file/Fevrier/19/0/Rapport_Villani_Torossian_21_mesures_pour_enseignement_des_mathematiques_896190.pdf.
12. *Cf.* Annexes.

CHAPITRE 3

Au collège, consolider et enrichir la culture des élèves

1. http://cache.media.education.gouv.fr/file/Racine/49/4/Rapport_les_humanites_au_coeur_de_l_ecole_888494.pdf.

CHAPITRE 4

Un lycée, tremplin vers l'avenir

1. www.terminales2017-2018.fr.
2. http://cache.media.education.gouv.fr/file/Janvier/44/3/bac_2021_rapport_Mathiot_884443.pdf.
3. http://cache.media.education.gouv.fr/file/Fevrier/29/5/Rapport_Voie_professionnelle_2018_901295.pdf.
4. https://ch.ambafrance.org/Le-systeme-scolaire-suisse-3793.

SECONDE PARTIE

Faire confiance aux acteurs

1. Ainsi l'étude sur « Les clés de l'amélioration des systèmes scolaires. Comment passer de "bon" à "très bon" ? », publiée par le cabinet McKinsey en décembre 2010. Il y est notamment affirmé : « Alors que les systèmes éducatifs les moins performants s'améliorent principalement grâce à des initiatives dictées par les administrations centrales, afin de définir et de diffuser des pratiques d'enseignement cohérentes pour les écoles et les enseignants, cette approche n'est plus adaptée dès lors que les systèmes atteignent un bon niveau de performance. En effet, cette étude démontre que les systèmes éducatifs performants (bons ou très bons) continuent à s'améliorer lorsque l'administration centrale accroît les responsabilités et les marges de manœuvre des structures régionales et des établissements pour adapter les pratiques d'enseignement à la réalité locale. La corrélation entre performance et degré de "subsidiarité" se révèle donc forte. »
2. OCDE, *Perspectives des politiques de l'éducation 2015 : les réformes en marche*, 2015, p. 121. La formulation était encore plus précise : « les établissements disposant d'une plus grande marge de manœuvre quant au programme et à la pédagogie affichent de meilleurs résultats que les autres, ce qui n'est pas le cas de ceux qui disposent de plus de latitudes en matière de gestion des ressources ».

CHAPITRE 5

Faire confiance aux professeurs et à tous les personnels

1. Marie-Claude Blais, Marcel Gauchet et Dominique Ottavi, *Transmettre, apprendre*, Paris, Stock, coll. « Les essais », 2014, p. 102.
2. L'OCDE a sur ce sujet été limpide : dans son compte rendu de 2015 sur les *Perspectives des politiques de l'éducation 2015. Les réformes en marche*, elle mentionnait parmi les

« principaux enjeux et objectifs » de la France : « La France doit, entre autres défis, promouvoir une formation des enseignants de qualité »... (p. 270).

3. Les professeurs des écoles reçoivent en moyenne 80 heures de formation initiale en mathématiques. Cédric Villani et Charles Torossian ont alerté l'institution sur ce point dans leur rapport : « [...] dans le premier degré, on peut noter un manque crucial de formation initiale en mathématiques, pourtant bien nécessaire si on regarde les parcours préalables des futurs enseignants (80 % des impétrants sont issus des filières relevant des humanités en licence). Or le volume d'enseignement disciplinaire en mathématiques, dans les deux années de master MEEF, est bien trop faible pour assurer les connaissances de base utiles au futur enseignant. [...] Actuellement, les étudiants réussissant le concours et déjà titulaires d'un master, quelle que soit sa nature, peuvent dans certaines ESPE n'avoir en deuxième année qu'une vingtaine d'heures de formation spécifique pour enseigner les mathématiques de la maternelle au CM2 ! » (rapport « 21 mesures pour l'enseignement des mathématiques » remis le 12 février 2018, p. 43). Les deux rapporteurs mentionnent que des pays consentent des efforts autrement plus importants : 400 heures à Singapour et au Québec, 350 heures + 100 heures au Portugal.
4. http://cache.media.education.gouv.fr/file/2014/15/5/2014031_Plus_de_maitres_que_de_classes_341155.pdf.
5. Note d'analyse de France Stratégie : « 2017/2027 – Quelle autonomie pour les établissements scolaires ? – Actions critiques », p. 3.
   L'OCDE illustre du reste cet effet du pilotage pédagogique du chef d'établissement sur les résultats des élèves : « Selon PISA 2012, environ 33 % de la variation de la performance en mathématiques s'expliquent par les réponses des chefs d'établissement à des questions sur la pertinence du matériel pédagogique et la possibilité d'utiliser des ordinateurs, des logiciels, Internet et des ressources de bibliothèques à des fins pédagogiques » (*Perspectives des politiques de l'éducation 2015. Les réformes en marche*, 2015, p. 91).
6. L'enjeu est considérable. Comme l'écrit la Cour des comptes, « En 2013, la Cour avait observé "une gestion distante et essentiellement administrative des enseignants". Ce constat reste globalement inchangé. La quasi-totalité des moyens de gestion des personnels enseignants sont mobilisés pour des tâches d'administration du personnel. Le suivi individuel et qualitatif des enseignants reste peu développé : il consiste à traiter les personnels en difficulté, pour l'essentiel en raison de leur état de santé » (synthèse du rapport public thématique « Gérer les enseignants autrement. Une réforme qui reste à faire », octobre 2017, p. 12).
7. André Antibi, *La Constante macabre*, Math'Adore, 2003.

CHAPITRE 6

Faire confiance aux partenaires de l'école

1. Alain Duran, sénateur de l'Ariège, a remis son rapport sur la mise en œuvre des conventions ruralité le 20 mai 2016. Ce rapport appréhende l'ensemble des problématiques auxquelles sont confrontés les territoires ruraux et de montagne et présente

12 recommandations pour une contractualisation efficace entre l'Éducation nationale et les élus locaux.

2. *Cf.* Dossier n° 207, intitulé « Les organisations du temps scolaire à l'école issues de la réforme de 2013 : quels effets observés ? » et publié en juin 2017 : www.education.gouv.fr/cid118207/les-organisations-du-temps-scolaire-a-l-ecole-issues-de-la-reforme-de-2013-quels-effets-observes.html.
Il y est notamment affirmé : « [...] les élèves de CP obtiennent des scores proches entre les six organisations du temps scolaire, et ce sur les quatre dimensions mesurées. Ce constat reste vrai même lorsque l'on prend en compte le sexe de l'élève ou l'appartenance ou non de son école à l'éducation prioritaire. [...] Les résultats de[s] analyses [des modélisations économétriques] montrent que les élèves progressent de manière quasi similaire entre les OTS. Lorsqu'elles existent, les différences entre les six OTS sont faibles et n'impliquent pas toutes les dimensions » (p. 17-18).
3. Alors qu'en 2010, il y avait un pic de 800 000 naissances, en 2017, il y eut 730 000 naissances.
4. Christophe Guilluy, *La France périphérique : comment on a sacrifié les classes populaires*, Paris, Flammarion, 2014.
5. Francesco Avvistai, Marc Gurgand, Nina Guyon et Éric Maurin, *Quels effets attendre d'une politique d'implication des parents d'élèves dans les collèges ? Les enseignements d'une expérimentation contrôlée*, École d'économie de Paris, 2010, www.parisschoolofeconomics.eu/IMG/pdf/Synthese-36p-MALLETTE-PSE.pdf.

CHAPITRE 7
Faire confiance aux valeurs de la République

1. « En France, la durée moyenne réservée au maintien de la discipline est légèrement supérieure à celle de la moyenne des pays participants (16 % contre 13 %), au détriment du temps d'enseignement et d'apprentissage (76 % pour 79 %) » (enquête TALIS, note d'information n° 23, publiée en juin 2014, de la DEPP).
2. *Cf.* notamment *De la démocratie en France. République, nation, laïcité*, Paris, Odile Jacob, 2017.

Annexes

1. CNESCO, Conférence de Consensus 14 et 15 mars 2018, *Écrire et rédiger, comment guider les élèves dans leurs apprentissages*, (www.cnesco.fr/fr/ecrire-et-rediger/)
2. Cours de S. Dehaene, les fondements cognitifs de l'arithmétique élémentaire www.college-de-france.fr/media/stanislas-dehaene/UPL22033_dehaene_res0708.pdf
3. La représentation chiffrée d'un nombre correspond à son développement décimal : le nombre douze se code « 12 » car 12 est égal à $1 \times 10^1 + 2 \times 10^0$, c'est-à-dire

à 1 × 10 + 2 × 1 ; et le nombre qui se code « 305 » est égal à $3 \times 10^2 + 0 \times 10^1 + 5 \times 10^0$, c'est-à-dire 3 × 100 + 0 × 10 + 5 × 1.

4. http://cache.media.eduscol.education.fr/file/Mathematiques/87/9/RA16_C2_MATHS_calcul_en_ligne_587879.pdf
5. TIMSS : trends in international mathematics and science study ; cette enquête internationale mesure les résultats des élèves de CM1.
6. Les résultats de l'enquête TIMSS sont consultables sur le site de l'IEN (International Association for the Evaluation of Educational Achievement) : https://timssandpirls.bc.edu.
7. Le lecteur pourra se référer au document « *Quelles compétences et quelles connaissances doit-on attendre d'un enfant à la fin de son CP ? Repères pour les mathématiques* » publié sur Eduscol en février 2018 (http://eduscol.education.fr/cid117919/100-de-reussite-en-cp.html) qui donne des exemples de problèmes en une ou deux étapes que les élèves doivent être en mesure de traiter en fin de CP.
8. Par exemple : « *Tracer un rectangle ayant une aire de 90 cm^2 et un périmètre de 39 cm.* »

Cet ouvrage a été composé
en Adobe Garamond Pro
par Nord Compo
à Villeneuve-d'Ascq (Nord).

Achevé d'imprimer en mai 2018
par Normandie Roto Impression s.a.s.
61250 Lonrai
N° d'édition : 7381-4545-X - N° d'impression : 1801765
Dépôt légal : mai 2018

Imprimé en France

DU MÊME AUTEUR
CHEZ ODILE JACOB

L'École de la vie, 2014
L'Invention de l'État, 2015
L'École de demain, 2016

SECONDE PARTIE

FAIRE CONFIANCE AUX ACTEURS DE L'ÉCOLE

Table